FREIBAD PANKOW

Matthias Friedrich Muecke

NIEMANDSLAND

Erinnerungen an eine Kindheit

KUNSTANST!FTER

...

„Die Auswirkungen
eines Zwillingsverlustes
sind sehr vielschichtig.
Sie dauern in der Regel
ein ganzes Leben."

...

Ich schreie und verliere Gewicht.
Ich schreie am Tag
und ich schreie in der Nacht.
Mutter hält mich in ihrem Arm,
sie fasst mich sicher,
sie hält mich warm.
Sie streichelt und küsst
mein angsterfülltes Gesicht.
Läuft auf und ab,
singt und summt,
wiegt mich hin und her,
doch ich schreie immer mehr.

Das kleine Stück Brüllfleisch braucht einen Spielgefährten", sagt eine mitfühlende Nachbarin zu meiner verzweifelten Mutter. Sie legt ihr properes Baby neben mich in den Zwillingswagen. Und tatsächlich höre ich auf zu schreien, als die beiden erwartungsvollen Müttergesichter in meinen Kinderwagen schauen und ich das schnurrende Wesen neben mir spüre. Ich taste mich vor, wie eine Spinne, die einen Kokon um ihre Beute weben will. Lege meine Gliedmaßen um die warme Puppe, schmiege mich an das Riesenbaby und beginne zu leben.

Meine Mutter, erschöpft, aber glücklich, sinkt auf die Stufen der Hoftreppe und glaubt an die Wiedergeburt.
Ich liege still im Zwillingswagen und halte meinen dicken Frank fest umschlungen. Fasziniert schaue ich in seine kastanienbraunen Augen.

Frank erblickt das grelle Licht des sozialistischen Realismus drei Monate vor mir. Schon mit neun Monaten kann er laufen, im Kindergarten schreiben, und in der ersten Klasse liest er mir die gruseligen Märchen von Wilhelm Hauff vor. Er ist kräftig, unerschrocken und findet für alles immer eine Lösung. Frank wird zu meiner zweiten Hälfte, ob ich will oder nicht.

Ich liebe und hasse ihn dafür.

Unser Karree wird von staubigen Asphaltstraßen umfasst. Ein Flickenteppich. Dazwischen die 30er-Jahre-Bauten mit ihren bröckelnden Kratzputzfassaden.

Fliegerbomben und Granaten haben tiefe Einschläge hinterlassen. Rot leuchtet der Backstein der Brandwände und blau das Himmelsquadrat über dem Hof. Hier ist der Ort meiner Kindheit, zwischen Wäscheplatz und Müllhaus, verwilderten Sträuchern und dornigen Hecken, unter Pappeln und Kastanien.

Der Frühling riecht nach fauligem Laub und wildem Flieder. Wir kriechen in sein Dickicht und bauen urzeitliche Höhlen, mit Lagerplatz und Feuerstelle.

Im Sommer kämpfen wir uns durch einen Dschungel aus Holunder und Hartriegel, Farn und mannshohen Brennnesseln. Die Insekten kriechen in unsere ungewaschenen Ohren und hinterlassen juckende rote Flatschen. Wir grillen Regenwürmer, zerstampfen Sauerampfer und Holunderbeeren.

Der Herbstwind bläst in die großen Blätter der Kastanien. Wir klettern in ihre Kronen, hissen Piratenflaggen und blicken über weite Ozeane. Wir paffen Blätter in geschnitzten Tabakspfeifen und schleudern Kastanien auf Meeresungeheuer.

Im Winter schlagen wir unsere Steigeisen in den Mount Everest, überwinden Gletscherspalten zwischen Garagendächern und bauen arktische Schneehöhlen mit den Eskimos.

Wir liefern uns Schlachten als Indianer, spielen Goldgräber, Partisanen und Forscher, liegen uns in den Haaren, schreien, boxen und raufen.

Am Abend kehren wir glücklich durch die Hoftür ins Haus zurück, in einer feinen Mischung aus Rotz, Schorf und Dreck.

Für mich ist die Welt des Hofes unergründlich. Fasziniert, aber auch ängstlich blicke ich aus meinem Kinderzimmerfenster in die Nacht hinaus. Höre die Blätter rauschen und wilde Tiere kreischen. Gefährliche Schatten tanzen über meinem Bett. Ihre Fangarme greifen nach mir. Ich rutsche tiefer unter die Decke, lausche in die Finsternis und hoffe auf ein Lichtzeichen. Doch Franks Zimmerfenster, schräg über meinem, ist nachtschwarz. Nur das Mondlicht glitzert in den Glasaugen meines Teddys.

„Igor", flüstere ich meinem Teddy ins Ohr. „Warum ist die Angst so dunkel?"

Bis zum vierten Geburtstag darf Frank in meinem Bett schlafen, danach ist Schluss. Eines Tages setze ich das rostige Küchenmesser an und ritze in Franks und meinen Unterarm. Das Blut spritzt, als wir den Bund besiegeln. „Für immer Blutsbrüder", lalle ich noch und kippe in seine Arme. Nach dem Vorfall installiert Franks Vater ein Kinderzimmertelefon. Die Leitung hängt quer an der Hoffassade, zwischen Franks und meinem Fenster.

„Jetzt kannst du immer mit deinem Blutsbruder telefonieren", sagt Mutter.

Ich liege zitternd allein in meinem Bett und presse den gelben Telefonhörer ans Ohr. „Hallo Frank, hörst du mich?"

Am Morgen meines fünften Geburtstages steht ein nagelneuer Roller der Marke MIFA vor meinem Bett.

„Der ist für meinen großen Rennfahrer, der schon alleine schläft!", sagt Mutter und fährt mir durchs nachtfeuchte Haar.

Glücklich schleiche ich um das Gefährt. Es ist das gleiche Modell wie Franks Rennmaschine, mit Klappsitz und Latschenbremse. Nur dass am vorderen Schutzblech ein weiß-roter Wimpel mit der russischen Aufschrift POBEDA I MIR flattert. Stolz trage ich meinen roten Flitzer nach draußen und schiebe ihn an die Startlinie, wo sich schon viele Nachbarskinder versammelt haben. Die Fahrt des Friedens kann beginnen, und ich muss, was auch passieren mag, für Mutti gewinnen.

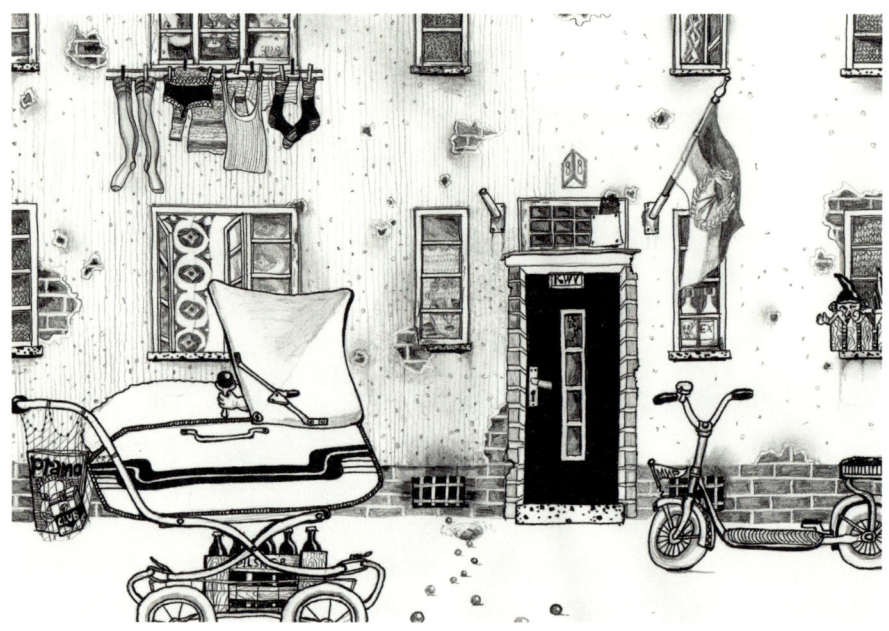

Das Startsignal ertönt aus der Trillerpfeife von Franks Vater, der in seinem braunen ASK-Trainingsanzug militärische Kommandos bellt. Frank grinst zu mir rüber, und mir ist klar, dass ich, wie immer, keine Chance haben werde. Er ist der Sieger und ich, maximal, die Nummer zwei.

Mit meinem roten Blitz nehme ich verzweifelt Fahrt auf, dicht gefolgt von Frank. Die anderen Rennfahrer lassen wir schon auf Höhe des wilden Flieders hinter uns.

In der Kurve oberhalb des Brennnesselgebüsches, schon weit entfernt von der Elternjury, hat Frank mich um eine halbe Rollerlänge überholt. In aufkeimender Panik trete ich ihm unbeobachtet in die Speichen. Ich habe nur den Hauptpreis vor Augen, der noch unerreicht an der Wäscheleine baumelt: zwei NVA-Spielzeugsoldaten mit KALASCHNIKOW im Anschlag. Hinter der Zielgeraden lege ich eine Vollbremsung hin und reiße die Arme hoch.

Die Elternmannschaft kommt angerannt und jubelt, meiner Mutter rollen die Glückstränen über die Wangen. „Jetzt schnell", denke ich und hechte aufs Klohocker-Podest mit der Eins.

Die Siegerehrung mit Lutscher und bunten Glasmurmeln hat schon begonnen, als Frank mit brennnesselgeschwollenem Tränengesicht auftaucht und mir die goldene Kaugummi-Medaille vom Hals reißt. Er stürzt sich mit einem wilden Urschrei auf mich und umklammert meinen Hals. Zu einem kreischenden Knäuel verwoben, rollen wir auf die Campingtisch-Geburtstagstafel zu, die mit einem Krachen auf uns niederkippt.

Stille.

Die Erdbeerbowle brennt in meinen Augen. Ein Kalter Hund liegt neben mir im Sand. Der Käse-Igel sitzt im Gras und schaut mich mit seinen Radieschen-Augen an.

Aber nach der Disziplin Sackhüpfen und einem Bonbon-Regen schließen wir wieder Frieden und teilen die erbeuteten Schätze.

Frank nimmt mich in seine brennenden Arme. Ich drücke ihn fest an mich.

„Ich wollte doch nur ...", weine ich leise.

„Für immer Blutsbrüder", brummt Frank.

Ich gebe ihm den knienden Soldaten, den stehenden kann ich besser bei der Befreiung Pankows in die Luft sprengen.

Aber das ist jetzt noch geheim.

Kurz vor der Eingangstür des WELTFRIEDENS trete ich auf die Latschenbremse und schleudere meinen Roller gekonnt vor den Fahrradständer.

„Bist du verrückt?", faucht eine Frau mit Kinderwagen. Sie schiebt kopfschüttelnd ihren Säugling in die Einfahrt zur Wochenkrippe.

Zum ersten Mal erlaubt mir Mutti, das kurze Stück mit meinem roten Blitz allein zu fahren.

„Mein großer Junge", sagt sie stolz, küsst meine Stirn und hängt mir die Stullentasche um den Hals. Es ist wie bei einer Siegerehrung. Ich stehe auf dem Küchenhocker und empfange die größte Auszeichnung: allein in den verhassten Kindergarten zu fahren.

Ich wehre mich mit Händen und Füßen, im Schlafsaal still zu liegen. Ich bin entsetzt über die unzähligen Babys, die rotzverschmiert in ihren Gitterboxen weinen. Die ihren gehetzten Müttern montagmorgens unter schreiendem Protest weggerissen und freitagnachmittags schluchzend zurückgereicht werden.

Auch kann ich nicht mit zehn Kindern neben mir auf Kommando ins Klo scheißen. Verweigere im Speisesaal die Fettaugensuppe und will nicht im Gleichschritt in den Kinderauslauf marschieren.

Ich sehne mich nach den Haushaltstagen meiner Mutter, an denen ich allein in der fantastischen Welt meines Kinderzimmers spielen darf. Mit Indianerversprechen schleiche ich um Mutti, das schlafende Schneewittchen, renne zur Bäckerei Schuster, serviere dampfende Brötchen und krieche in die warme Höhle, unter Muttis Bettdecke. Mein Ohr liegt an ihren weichen Brüsten. Ich höre das dumpfe Pochen ihres Herzens und ich weiß, es schlägt nur für mich.

Doch leider gibt es auch Zeiten, da will Mutti partout, dass ich in den Kindergarten gehe. Sie sagt, ich müsse etwas über die Welt lernen, mit anderen Kindern spielen und Aufgaben lösen. Sie könne nicht immer für mich da sein. In großer Verzweiflung stopfe ich mir Murmeln in die Nase, die Atemnot verursachen. Schlürfe Pfützenwasser und bekomme hohes Fieber, löffele Salz und kotze rosa Schaum. Nur, um nicht in diesen verdammten Kindergarten zu müssen.

Frank kommt angerannt und winkt mir aufgeregt zu. Er löst sich von seinem uniformierten Vater. Ich klammere mich an ihn und will ihn für immer festhalten. Leider ist er bei den starken MISCHKA-BÄREN, sechs Türen von meiner HOPPELHASEN-Gruppe entfernt.
„Bis heute Abend, Vati", ruft er und salutiert.
Ich salutiere mit, dann laufen wir die Treppe zum Eingang hinauf. Als der uniformierte Mann um die Ecke biegt, gibt mir Frank ein Zeichen. Er springt übers Geländer ins Gebüsch. Ich hechte hinterher. Wir hocken einige Zeit lang dicht aneinander gekauert und hören die Tür mehrmals hintereinander ins Schloss fallen.
„Die Falle schnappt zu", flüstert Frank und hält seinen Zeigefinger an meinen Mund.
Mucksmäuschenstill kauern wir unter der Treppe.
Von außen kann jedes Kind die Klinke der Bewahranstalt herunterdrücken, doch sobald der Türriegel innen einrastet, gibt es kein Entrinnen mehr.
„Und jetzt?", flüstere ich und will schon Richtung Treppe robben.
Frank zerrt mich zurück und grinst.
„Kindergarten Schweinebraten!", flötet er durch seine Milchzahnlücke.
„Weg mit der Stullentasche!"
Er reißt mir die Tasche vom Hals und hängt sie in den Knallerbsenstrauch. „Wir dürfen nicht auffallen. Klar?"
„Na klar", stottere ich. „Wir sind keine Kindergartengefangenen."

„Richtig!"

Frank greift meine Hand und zieht mich am Gitterzaun entlang Richtung Straße. Nur weg von hier.

Der Hof unseres Karrees ist uns vertraut und eine ideale Spielstätte für die endlosen Stunden des Tages, aber schon nach kurzer Zeit stöhnt Frank vor Hunger.

„Mann, hab ich 'n Kohldampf!" Er knetet seinen knurrenden Bauch.

Weil wir gerade Urmenschen spielen und Frank der Krieger mit dem Speer ist, bin ich als Sammler für die Nahrung zuständig.

„Haben Sie Kuchenränder?", frage ich mit auffällig hohem Stimmchen die Verkäuferin in der Bäckerei Schuster.

Dabei schaue ich der dicken Bäckerin mit dem süßesten Eichhörnchenblick, den ich drauf habe, in die Augen.

„Jebettelt wird hier nich!", flucht sie lauthals über den Tresen. „Wo komm wa denn da hin?"

Ich ziehe den Kopf ein und husche zur Tür, da pfeift sie mich zurück.

„Hier jeblieben!" Sie reicht mir eine Kuchentüte.

„Damit de ma wat uff de Rippen kriechst!"

Vor dem Konsum ziehe ich noch eine Milchflasche aus den Stapelkisten und renne los.

Im Haltestellenhäuschen wartet Frank schon auf mich.

„Mann wo bleibste denn!"

Gierig stopft er sich eine Zuckerschnecke in den Mund. Nach dem zweiten Pfannkuchen läuft ihm die Kirschmarmelade übers Kinn.

„Ich verblute!", blubbert Frank und lässt noch mehr Marmelade aus seinem Mund quellen.

„Hilfe!", rufe ich, verdrehe die Augen und sabbere eine Milchpfütze auf die Gehwegplatten. Wir liegen uns in den Armen und lachen.

Die Spatzen flattern aufgeregt um uns herum und picken Krümel

Als der Bus vorfährt, zerrt Frank mich hoch.

„Los, wir machen eine Abenteuerreise!"

Wir sitzen im Fond des röhrenden IKARUS' und imitieren Motorengeräusche. Die Stadt reißt ab, und plötzlich erkenne ich durch die beschlagenen Fenster Stoppelfelder. Ich lecke mir ein Sichtloch und presse mein Gesicht an die Scheibe. Endlose Baumreihen tanzen vorbei. Dann stoppt der Bus abrupt.

„So, raus jetzt, ihr Rotznasen!", bellt der dicke Busfahrer. „Endstation!"

Frank und ich stehen unschlüssig in einem Waldstück und fühlen uns wie Hänsel und Gretel. Ich greife nach Franks Hand und schlage vor, auf den Hochstand zu klettern.

„Von da oben können wir bestimmt unser Haus sehen."

Frank zeigt mir einen Vogel.

„Hast du 'n Knall? Wir müssen genau in die andere Richtung."

Wir irren durchs Dickicht und stoßen auf eine Lichtung mit Wegweiser.

Frank blickt durch seine einäugige Kinderbrille.

„Was sieht Schielende Natter?", frage ich erwartungsvoll.

Er buchstabiert: „BERLIN, 15 KILOMETER."

Ich sacke auf dem Moos zusammen. Mein Abenteuermut hat sich in einen Kloß im Hals verwandelt.

„Los komm, Zitternder Aal, das is nich weit", sagt Frank mit brüchiger Stimme.

Ich blicke in die Baumwipfel zum Himmel und sehe, dass der Tag sich neigt.

Unser SANDMÄNNCHEN winkt mir aufmunternd von Franks Schielbrille aus zu. Wir irren im dämmernden Wald herum. Es knackt im Unterholz und in den Blättern säuselt der Wind.

„Ich kann in der Ferne ein Licht sehen!", ruft Frank und rennt los.

Vor meinen Augen verschwimmen die fremden Häuser einer Ortschaft. Ich versuche Schritt zu halten. Eine alte Frau nimmt sich unserer an und hält uns fest an den Händen. Ich bin mir sicher, dass sie die Brockenhexe ist und uns gleich in ihren Backofen stößt. Wir betreten heulend ein abgewetztes Häuschen mit Pfefferkuchendach.

„Ihr seid also aus dem Kindergarten WELTFRIEDEN", sagt ein uniformierter Mann und greift nach dem Telefonhörer.

„Indianerehrenwort!", schwören wir unter Tränen.

Mit meiner nachtwarmen Decke schleiche ich an der Küche vorbei, über kalte Steinzeug-Fliesen, hinein in die gute Stube und verkrieche mich auf der Chaiselongue zwischen handbestickten Kissen.

Großmutter setzt sich mit einer dampfenden Tasse TÜRKISCHEM und ihrer Zeitung an den Stubentisch. Es riecht nach Kaffee und Druckerschwärze, Backpflaumen und Apfelringen.

Ich schließe die Augen und freue mich, Großmutters Welt zu erobern. Sie wohnt in einem verwunschenen Häuschen mit Garten am Rande des Stadtbezirkes Pankow. Auf den Feldwegen lauern gefährliche Hunde und gefräßige Schweine.

Der Dorfanger ist mit Katzenköpfen gepflastert, in seiner Mitte steht die alte Kirche mit ihrem unheimlichen Glockenturm. Die umliegenden Häuser sind wie an einer Perlenkette aufgereiht. Die Schmiede, das Landkaufhaus, die Gärtnerei, der Kolonialwarenladen, das Waschhaus und die Konditorei Stoll, wo ich mit Großmutter nach den sonntäglichen Friedhofsbesuchen einkehre.

In der Kuchentheke glitzert eine fantastische Backwaren-Landschaft. Ich soll mir etwas aussuchen, aber ich kann mich nicht entscheiden.

Da gibt es Liebesknochen mit glibberiger Puddingfüllung, Granatsplitter mit Himbeermarmeladenblut, kalte Schokoladenschnauze, zuckerglasierte Amerikaner, cremige Donauwellen, fettige Schillerlocken und knusprige Schweinsohren.

Großmutter sitzt bei einem Kännchen Kaffee und ihrem Windbeutel mit extra Sahne am blumigen Tisch. Das Gedeck wird, ohne zu fragen, auf ihren Stammplatz gestellt.

„Veränderungen sind dit programmierte Chaos", sagt sie. Sie schaufelt eine Ladung Sahne in ihre Kaffeetasse.

Ich blicke fasziniert auf den Sahneklumpen, der langsam im schwarzen Meer dahinschmilzt.

Großmutter hat drei Kittelschürzen. Die eine heißt „Haus", die zweite „Garten" und die dritte „Ersatz". Sie kommt zum Einsatz, wenn „Haus" und „Garten" an der Wäscheleine im Wind flattern.

Der Tag in ihrem kleinen Gehäuse beginnt mit dem Surren der Kaffeemühle, dem Knistern des Holzfeuers in der alten Kochmaschine und dem leisen Fluchen, wenn sie sich am viel zu heißen Griff des Wasserkessels verbrennt.

Großmutters Haus ist die Schatzkammer meiner Kindheit. Natürlich darf ich bestimmte Schränke, in denen hinter vollgestopften Fächern Geheimtürchen verborgen liegen, nur unter strengster Aufsicht öffnen. Doch schnell entdecke ich die Verstecke der Schlüssel. Und weil Großmutters Leben einem immerwährenden Rhythmus folgt – dem morgendlichen Zeitungsritual, den Mittagsvorbereitungen, dem kurzen, festen Schlaf nach dem Essen, der Gartenarbeit und der Abendschau – weiß ich genau, wann ich die Türen unbemerkt aufschließen kann. So kann ich geheime Schubladen der Schlafzimmeranrichte öffnen und vor dem geschliffenen Spiegel die Gebisse meines verstorbenen Großvaters testen. Ich schmücke mich mit Perlenketten, weißen Unterröcken, Kruzifixen, Federhüten und Marderkragen.

Im Buffetschrank der Stube riecht es bittersüß. Hier lagern Kakao, Mokkabohnen, Gebäck und Früchtewürfel, hinter einem Stapel handbestickter Tischdecken hat Großmutter ihre kleinen Pillenschachteln versteckt. Sie sind mit einem absoluten Verbot belegt.

„Heute jibt's Rübenstippe!"
Großmutter stellt die dampfende Terrine mit meinem Lieblingsessen auf das Wachstuch. Der vertraute Duft steigt mir in die Nase.
„Mit Berliner Schwitze?", freue ich mich.
„Jenau, meen Kleener!"

Doch der heimliche Genuss von drei „Leo-Pillen" aus dem versiegelten Buffetschrank zwingt mich schlagartig aufs Klo. Für Stunden.

„Ick zieh dir de Hammelbeene lang!", flucht Großmutter „Wenn de nochmal von meene Scheißpillen naschst."

Sie wärmt mit ihren harten Händen meinen Krampfbauch. Bis zum Abend flößt sie mir heißen Tee ein und füttert mich mit geröstetem Weißbrot.

Meine Gesundung auf der Chaiselongue dauert bis zur Tagesschau und ich bettle mit schwacher Stimme um die Folgesendung.

Die Bauchschmerzen sind längst wie weggeblasen, als Rudi Carrell, der große Entertainer des westlichen Fernsehens, auf der schwarz-weißen Bildfläche erscheint. Er stellt die Kandidaten der Show „Am laufenden Band" vor. Ich fingere eine Drops-Rolle unterm Sofakissen hervor und schiebe mir zwei Stück in die Backentasche. Großmutter zählt die auf dem Laufband fahrenden Gegenstände und donnert mit der Faust auf den Fernseher. Das Bild streikt mal wieder. Der Kandidat sagt: „Toaster ... Mixer ...“ Sie brüllt: „Staubsauger, Staubsauger, den haste verjessen!“

Ich reiße die Arme hoch und stimme in Großmutter Gebrüll ein, doch in dem Moment verkeilt sich ein Drops in meinem Hals. Ich pfeife wie ein verstopftes Staubsaugerrohr und führe einen wilden Veitstanz auf.

Mein Gesicht muss die Farbe von reifen Gartentomaten angenommen haben, denn Großmutters Gesicht erbleicht.

„Aber Großmutter, warum hast du so große Augen?“, versuche ich zu rufen, bringe aber nur ein angsterfülltes Röcheln hervor. Mit ihren entsetzlich großen Händen packt sie mich bei den Schultern und schüttelt mich wie einen ihrer Apfelbäume. Doch Großmutter und ich haben kein Glück. Der Drops steckt fest. Die Weltmeere rauschen in meinen Ohren. Großmutter jedoch hat keine Angst vorm bösen Wolf und die Lösung schon gefunden.

Sie schlingt ihre sehnigen Fangarme um meinen Bauch.

„Eins ... zwei ... drei ...!“, schnauft sie.

Dabei pumpt sie, bis der Drops aus meiner Kehle schießt, in einem perfekten Bogen durch die abendliche Stube pfeift und gegen die Bildröhre knallt.

„Der Drops is jelutscht!“, schnauft Großmutter. Ein Rülpser entfährt meinen Atemwegen wie ein Glücksruf. Der Abspann läuft und Rudi Carrell wünscht uns noch einen schönen Abend.

Ein Jahr später sitze ich wieder vor Großmutters altem STASSFURT und glotze auf den Nachrichtensprecher der AKTUELLEN KAMERA. Ein US-amerikanischer Arzt namens Henry J. Heimlich behauptet, den „Lösungsgriff“ für verstopfte Atemwege gefunden zu haben.

Dabei hatte Großmutter schon mit diesem jetzt weltberühmten Griff den Drops aus meinem Luftkanal gepumpt. Und dieser Mann prahlt nun damit!

FLIMMERSTUNDE

Die Samstagssendung „Flimmerstunde" beginnt jedes Mal gleich: Walter E. Fuß stellt sich als Professor Flimmrich vor und berichtet von den neuesten Dreharbeiten im Babelsberger Filmstudio. Heute erzählt Flimmrich von den Indianerreservaten Nordamerikas. Er spricht über die US-Armee unter Führung von General Custer, die einst eine der blutigsten Schlachten gegen die Ureinwohner führte.

Er zeigt Bilder des blutroten Little Bighorn Rivers und schwärmt von der hervorragenden Literaturvorlage des Autors James Fenimore Cooper. Ein Zeitzeugnis der brutalen Vertreibung indianischer Ureinwohner, ein Spiegel des grausamen Kapitalismus.

Frank und ich sitzen in voller Indianermontur auf unseren Sofarollenpferden, bereit, den miesen Bleichgesichtern entgegenzureiten.

Was die Requisiten unseres Spiels betrifft, sind wir oscarverdächtig. Seit einigen Wochen ziert mein Kinderzimmer eine 30er-Jahre-Couch. Die zwei Rückenlehnenwürste des Sofas, kombiniert mit Küchenhockern und Zügeln aus der reichhaltigen Gürtelsammlung meiner Mutter, verwandeln sich in „Schneller Wind" und „Grollender Donner", unsere unerschrockenen Pferde.

Der Streifen beginnt mit minimalistischer Panflötenmusik.

Dabei handelt es sich nicht um eine weichgespülte Winnetou-Verfilmung. Nein, Pierre Brice und Lex Barker sind in unseren Augen nur ein schlechter Abklatsch unseres Superhelden: Gojko Mitić.

Die DEFA-Arbeitsgruppe „Roter Kreis" hat unter der Regie von Gottfried Colditz ein Flimmerstunden-Meisterwerk erschaffen.

Gojko Mitić ist unser ultimativer Held, er verkörpert nicht nur eine Indianerfigur, sondern schlüpft Flimmerstunde für Flimmerstunde in verschiedenste Häuptlingskostüme.

Das macht die Sache mit der Rollenverteilung zwischen Frank und mir, auf lange Sicht, etwas leichter. An diesem Flimmerstunden-Nachmittag aber nicht.

Mein Sofarollenpferd trabt aufgeregt auf Frank zu.

ULZANA, der Apachenhäuptling, hebt gerade seine Hand für die Gerechtigkeit, da brüllt Frank auch schon: „Ich bin Ulzana!", und reißt an den Zügeln seiner Sofarolle. „Schneller Wind" bäumt sich gefährlich auf. „Du bist ein blöder Skalpjäger!", schreie ich. „Ich bin Ulzana."

Die Rolle des Helden muss in unserer Wohnzimmerkulisse leider doppelt vergeben werden.

Frank hebt die Faust und gibt das Zeichen zum Angriff.

Wir reiten im Galopp auf unseren Pferden, die Küchenhocker schaben über den Dielenboden. Im Fernseher fliegt die Landschaft von Santa Rita, einem trostlosen Gebiet nahe der mexikanischen Grenze, vorbei.

Ich pralle mit Frank am Fuße des Multifunktionstisches zusammen. Er stürzt sich mit seinem Tomahawk auf mich und reißt an meinem Skalp.

„Du verdammtes Bleichgesicht!", schreit er.

„Grollender Donner" gerät ins Straucheln. Der Federschmuck rutscht mir ins Gesicht.

„Hier kommt die Rache des Roten Mannes!", fauche ich in Franks Richtung und schlage mit meiner Silberbüchse zu.

Ein kurzer, wütender Aufschrei, dann sattelt Frank mit einem gefährlichen Sprung von seinem auf mein Sofarollenpferd über. Selbst Gojko Mitić staunt über unsere Parallel-Darbietung. Als wir gegen das Fernsehgerät kippen, hebt Ulzana anerkennend die Hand zum Gruß.

Danach geht alles ganz schnell.

Der Antennenverstärker schlägt gegen meinen Kopf und hinterlässt eine üble Platzwunde. Frank liegt neben „Grollender Donner" und stöhnt. Der Fernseher ist vom Nähtisch gekippt und macht komische Pfeifgeräusche. Mutti steht mit Indianerstärkung, ihrem legendären Wurstsalat, im Türrahmen, als die Röhre sich mit einem markerschütternden Knall verabschiedet.

Was folgt, ist ein zweiwöchiger Stubenarrest. Ein Fernsehverbot kann Mutti nicht verhängen, da STASSFURT ja in die ewigen Jagdgründe eingegangen ist.

Das Ende des Filmes haben wir nie gesehen, aber Frank hat es mir später vorgelesen.

Genau acht Stufen liegen zwischen der Ober- und Unterwelt unseres Hauses. In der Unterwelt gehören uns zwei dunkle Kellerverschläge. Der eine befindet sich direkt unter der Treppe.

Es ist ein winziger Schlund, in dem Kohlen und Holz lagern.

Wenn der Kohlenberg schrumpft, kommt an der hinteren Wand des Kellers ein finsterer Kriechgang zum Vorschein.

„Ein Kriegsversteck", behauptet die verwirrte Reichmann aus dem dritten Stock.

Ich schleppe ihr manchmal die Kohlen hoch, dafür gibt's saure Drops aus knochigen Händen. Dann zieht sie mich in ihren muffigen Flur und flüstert:

„Ein Iwan hat sich da verkrochen, bis ihn die Feldjäger an den Haaren die Kellertreppe hochgeschleift haben. Das Gesicht haben sie ihm zerschlagen, auf offener Straße!"

Beim Füllen der Kohleeimer schaue ich ängstlich in die schwarze Tiefe. Frank steht grinsend hinter mir.

„Iwan Iwanowitsch komm raus!", haucht er mit irrer Stimme und tänzelt den Kellergang entlang.

„Blödmann!", rufe ich ihm nach und werfe mit Presskohlen.

Der zweite Kellerverschlag liegt in einer ganz anderen Welt und ist nur durch ein Labyrinth von Gängen zu erreichen. Er ist vollgestopft mit unendlich viel Kram, und es kostet mich große Überwindung und einigen Mut, ihn mit Frank zu erobern. Zwischen modrigen Kartons spazieren Tausendfüßler und Kellerasseln hin und her.

Ein ausgedientes Küchenbuffet steht an der hinteren Wand. Es ist gefüllt mit Kompottgläsern. In einer trüben Flüssigkeit schwimmen bizarre Birnen- und Pflaumengebilde, die mich an die gruseligen Feuchtpräparate im Biologiekabinett erinnern. Frank hat wie immer Hunger, lässt die Weckgummis schnipsen und verschlingt das Eingemachte.

Ich zerre zerschlissene Campingstühle, Balkonkästen mit mumifizierten Geranien und STASSFURT, unseren alten Fernseher, beiseite und stoße auf einen Stapel Raufen mit den fauligen Resten von Kellerkartoffeln. Im hintersten Winkel des Kellers entdecke ich zwei alte Zeltsäcke.

Es sind die Expeditionszelte von Amundsen und Scott, aber das ist eine andere Geschichte.

Beide Kellerverschläge sind fensterlos und im Verhältnis zu den anderen Kellern der Oberweltbewohner klein. Ich beneide Torte Torsten aus dem vierten Stock um seinen gigantischen Luftschutzkeller mit Stahltür und Verschlusshebeln.

Noch so ein fantastischer Ort, wo wir insgeheim spielen.

Der erste Tauchgang unserer Besatzungsmannschaft der „Jacques Cousteau" findet feierlich am 8. Mai, dem Tag der Befreiung, statt. Frank, Torte und ich salutieren am Treppenhausfenster. Die Hausgemeinschaft hat sich mit „Wink-Elementen" bewaffnet und macht sich gerade auf den Weg zur Karl-Marx-Allee, um der Truppenparade beizuwohnen. Wir haben also sturmfrei und können auf Tauchstation gehen. Der Kellerraum von Torte Torsten ist die Kommandozentrale unseres U-Bootes mit Kellerfenster-Ausguck.

Ich donnere gegen die Stahltür und schreie:

„Brand im Maschinenraum!"

Frank und ich haben DUOSAN RAPID an die Kellerwände geschmiert und angezündet. Fackelnd brennt der Klebstoff in den dunklen Kellergängen. Wir bahnen uns einen Weg ins Innere des Schiffes. In der hintersten Kellerecke steht das alte Gründerzeitsofa von Frau Reichmann. Der Klebstoff brennt ein großes Loch in die Lehne.

Dann noch eins. Verdammt.

„Löschvorgang einleiten!", kommandiert Frank.

Wir pissen auf das Sofa.

Es zischt und stinkt, doch das Feuer frisst weiter am Polster. Das alte Seegras glimmt und qualmt.

„Hauptwasserleitung im Vorschiff öffnen!", brüllt Torte.

Ich renne den Kellergang zurück und zerre am rostigen Abstellhahn der Hauswasserversorgung, der mit einem knirschenden Geräusch bricht. Eine Wasserfontäne schießt an die Kellerdecke.

„Wassereinbruch!", kreische ich.

Frank wickelt sein NIKKI um die Bruchstelle. Torte und ich rennen mit schwappenden Eimern in den Maschinenraum. Dicker Rauch nimmt uns die Sicht.

Das Sofa schmatzt und trieft. Das Vorschiff füllt sich rasant mit Wasser.

„Die Schotten dicht!", schreit Torsten und hebelt an der Luftschutztür.

Auf der Suche nach Frank irre ich im Nebel.

„Meine Augen brennen!", schreie ich und rutsche auf etwas Glitschigem aus. Der Qualm beißt und lässt meine Gedanken wild kreisen.

Hustend taste ich mich durchs Brackwasser.

„Raus hier!", Frank zerrt mich hoch.

„Alle vollzählig!", ruft er in die Tiefe des sinkenden U-Bootes.

Die Besatzung der „Cousteau" stolpert die acht Stufen der Kellertreppe hoch und verlässt fluchtartig die Unterwelt. Rauchschwaden quellen aus dem Kellerfenster-Ausguck der Kommandozentrale. In der Ferne erklingt das Martinshorn der Feuerwehr Pankow.

Im Fliedergebüsch komme ich zu mir und blicke in Franks rußverschmiertes Gesicht.

„Kein Wort! Zu niemandem!"

Am Nachmittag des Nationalfeiertages marschiere ich mit zitternden Knien in die Werner-Seelenbinder-Halle. Der Sportverein „Dynamo Pankow" hat mich zur Kreis-Spartakiade delegiert. Mein Trikot stinkt nach Rauch und meine nassen Turnschuhe quietschen auf der Tartan-Bahn.

Aber als die Fanfare zum Fackelzug erklingt, ist das brennende Sofa der alten Reichmann wie weggeblasen. Ich nehme den Kampf gegen „Turbine Lichtenberg", „Fortschritt Oberspree" und „Lokomotive Rummelsburg" auf und ergattere im Dreier-Hopp die Goldmedaille.

Stolz drücke ich die Klingel an unserer Wohnungstür. Die Aluminiumscheibe glänzt auf meiner Brust.

„Sport frei!", rufe ich Mutti entgegen. Ihre flache Hand trifft meine linke Wange. Die Ohrfeige schallt durchs Treppenhaus. Mutti zerrt mich in die Küche. Der Abschnittsbevollmächtigte Reinhold sitzt mit ernster Miene am Tisch. Auf der Wachstuchdecke liegen zwei ausgequetschte Tuben DUOSAN neben meiner Federtasche.

„Was hast du dir dabei gedacht?", faucht Mutti.

„Wir wollten ...", stottere ich.

„Unser Heim abfackeln, oder was?", brüllt sie.

„Nein ... Ein Abenteuer mit Jacques Cousteau!"

Der ABV legt seine Stirn in Falten.

„Erklär das mal dem Genossen Schneider von der Feuerwache."

Zwei Tage später steht die gesamte Besatzungsmannschaft der „Cousteau" vorm Einsatzleiterbüro der Feuerwehr Pankow.

Ich zupfe verlegen an meinem Pionierhalstuch. Als sich die Bürotür öffnet, trete ich vor und überreiche die handschriftliche Stellungnahme.

„Drei ... vier", flüstert Frank, und drei schuldbewusste Kehlen stimmen an: „Die Heimat hat sich schön gemacht ..."

Ey wirklich, glaub mir, ein PIONIER RS01 steht in dem verfallenen Kohlenschuppen!", sagt Frank verschwörerisch.

„Mit so 'nem Teil ist mein Opa aus dem Krieg nach Hause getuckert."

Wir sitzen in meinem Kinderzimmer und Frank blättert hastig im Lexikon „Von Anton bis Zylinder". Er tippt aufgeregt auf die Seite mit dem alten Traktor.

Torte schaut ins Buch. „Das Teil wurde doch erst '49 gebaut."

Torte und ich prusten los.

„Wahrscheinlich ist dein Opa mit 'ner MIG 21 bei euch gelandet!", lachen wir.

„Und außerdem, wie willst'n die Karre zum Laufen bringen?", frage ich.

Frank schmunzelt: „Wir nehmen die Werkzeugtasche von meinem Alten mit."

Der staubige Kohlenplatz liegt zwischen zwei Gründerzeithäusern am Rangierbahnhof. Eine Bombenlücke mit provisorisch gezimmerten Schuppen und einem Hexenhaus, das an der Mauer zur Straße klebt. Aus dem kleinen Schornstein steigt unentwegt Rauch.

Hier hat Kohlen-Else ihr Büro, in dessen Kanonenofen das ewige Feuer lodert. Wenn sich unsere Briketts im Kriechkeller lichten, muss ich vorlaufen und an das morsche Tor des Kohlenhofes klopfen. Die schwarzen Männer tuckern dann mit ihrer Diesel-Ameise vor unser Haus und schleppen riesige Körbe und Holzraufen mit Presskohle in unseren Keller.

Kohlen-Elses Ein und Alles ist Püppchen, eine ausgewachsene Rottweiler-Dame, die schon anfängt zu kläffen, wenn man noch hundert Meter vom Platz entfernt ist. Die Kohlenbestellung ist für mich eine der größten Mutproben überhaupt. Und so klopfe ich mit schlotternden Knien ans Tor, während Püppchen ihre Pranken ins morsche Holz schlägt. Sie bellt sich die Seele aus dem muskulösen Leib, bis Kohlen-Else sie an ihrem Stachelwürger greift und das Tor einen Spalt öffnet.

„Flinke Beene, Kleener, ick will hier nich anfriern!"

Ich halte mich dicht an Kohlen-Elses rechter Seite, an der linken hält sie das zähnefletschende Püppchen.

„Schnauze meene Kleene, nachher jibt's lecker Goldi."

Sie tätschelt Püppchens Sabbermaul und lässt zu meinem Entsetzen das Halsband los. Die Hündin springt jedoch nicht Richtung Hof, sondern im Bruchteil einer Sekunde auf mich zu. Ich reiße die Hände vors Gesicht und schreie.

„Und aaab!", faucht Kohlen-Else.

Ich bekomme einen Stoß und stolpere ins Häuschen. Die Tür fliegt hinter mir ins Schloss und ich stehe vorm bullernden Kanonenofen. Am vergitterten Fenster zum Hof sitzen drei schwarze Männer und saugen an ihren Pilsner-Flaschen. Kohlen-Else lässt sich in einen Sessel hinter ihrem Schreibtisch fallen und steckt sich ein Zigarillo an.

„So, meen kleener Schisser, is die Kohle alle, oder wat?"

Sie funkelt mich wissend mit ihren Bernsteinaugen an und bläst mir eine Rauchwolke ins Gesicht.

„Fünf — Zentner — Briketts — und — sechs — Körbe — Anmachholz — brauchen – wir", stottere ich.

Kohlen-Else legt zwei Goldzähne frei und keckert ein heiseres Lachen in den völlig überheizten Raum.

„Und Anlieferung wahrscheinlich vorjestern, wa!"

Die lange Asche ihres Zigarillos zittert gefährlich und fällt dann auf handgeschriebene Quittungen.

„Ringo, wat hast'n uff de FRAMO-Pritsche?", ruft sie zu den Kohlen-Munkies rüber.

Ein schielender Typ schaut von seinem Bier auf. Eines seiner Augen glotzt mich an, das andere Kohlen-Else.

„Zwee Doppelzentner und vier Körbe. Aber heute läuft nüscht mehr, außer dit Zeug hier, die Kehle runter."

Er setzt die Flasche an und leert sie, ohne abzusetzen.

„Morjen um sechse stehen die Jungs uff de Matte."

Kohlen-Else schnipst ihren Zigarillo-Stummel vor den Kanonenofen.

„Und übrijens, der Kohlenhof is keen Spielplatz."

„Und jetzt mach 'ne Flocke."

Am Nachmittag schleichen wir über den Hof der Bäckerei Schuster. Torte macht die Räuberleiter. Wir stehen auf dem Satteldach der Backstube und Frank zeigt auf die Steigeisen in der kriegsgeschwärzten Giebelwand. Ich blicke in den Himmel, schätze die Entfernung bis zur Mauerkante des Kohlenplatzes ab. Ungefähr fünf Meter.

Werfe meine Jacke über die Glasscherbenkrone der Mauer. Ziehe mich das letzte Stück mit zitternden Armen hoch und stütze mich mit den Knien ab. Frank plumpst wie ein Sack aufs morsche Schleppdach und lacht. Die Teerpappe knirscht unter meinen Füßen.

Ich lege mich schnell neben Frank auf die schwankenden Reste der Garagenüberdachungen. Unten bellt Püppchen wie eine Wahnsinnige. Kohlen-Else brüllt, eine Tür schlägt zu. Dann Stille.

Frank grinst mich an und deutet auf eine Birke, die sich ihren Weg in die Freiheit durchs Flachdach gebahnt hat.

„Da lang", flüstert er.

Wir kriechen über die moosbedeckten Flicken der Dachpappe auf den Baum zu.

Ich sehe noch, wie Frank verschwindet. Mit einem satten Schmatzgeräusch bricht er ein. Erst das Krachen und der markerschütternde Schrei bringen mich ins Geschehen zurück. Ich blicke durchs Loch des Daches und sehe meinen Blutsbruder neben einem PIONIER RS01 liegen.

„Frank ... horst du mich?", rufe ich mit brüchiger Stimme. Er liegt regungslos neben dem Traktor. Mit einem verzweifelten Sprung werfe ich mich in die geschmeidigen Äste der Birke und klettere in das Innere der Höhle.

Ich drücke meine glühende Wange an seine, prüfe seinen Atem, suche seinen Herzschlag.

„Frank ... Frank, bleib bei mir!", flehe ich.

„Du musst die alte Leiter herschieben!", blafft Torte von oben.

Wir rollen Frank auf die Seite und massieren seinen Rücken.

Mit stotterndem Husten kommt er zu sich.

„Die Karre hat 'ne Rutschkupplung", röchelt er.

Ich schlinge meine Arme um Frank und weine vor Glück. Torte lacht sich schlapp und zerrt uns auf die Beine.

Die nächsten Wochenenden schrauben wir am PIONIER RS01 herum. Frank leitet die Freilegungsarbeiten. Gras ist über das alte Fahrzeug gewachsen. Junge Birken bohren sich durchs Lenkgestänge und die platten Räder sind von Moos bedeckt.

Vorm brüchigen Garagentor stehen zwei Ahornwildlinge.

Ein klares Zeichen, dass seit Jahren niemand mehr unsere Traktorhöhle betreten hat.

„Aufsitzen Kameraden!", trompetet Traktorist Frank.

Torte zieht den Dieselstutzen aus dem rostigen Tank. Ich binde die rote Fahne ans Kuppelgestänge.

„Auf in den Kampf!", brüllen wir.

Frank kurbelt am Anlasser, und tatsächlich heben und senken sich die Kolben im Zylinder. Der pflichtbewusste Pionier setzt sich tuckernd in Bewegung. Langsam rollt er auf das morsche Tor zu. Unsere Höhle liegt in einer schwarzen Dieselwolke. Der Lärm der Maschine ist ohrenbetäubend. Wir klammern uns ans Lenkgestänge.

„Zieh die Handbremse!", schreit Frank.

Ich zerre an einem der verrosteten Hebel. Doch in diesem Moment brechen wir schon mit vierzig Pferdestärken durchs Tor ins Freie. Knatternd rollen wir quer über den Hof auf Kohlen-Elses Hexenhäuschen zu. Mit einem phänomenalen Kanonenschuss bleibt der PIONIER RS01 wenige Zentimeter vor dem Häuschen stehen.

Die Tür fliegt auf und Kohlen-Else steht mit ihrem zähnefletschenden Püppchen vor uns.

Die Klassenverbände der Polytechnischen Oberschule „Walter Ulbricht" marschieren im Gleichschritt durchs Treppenhaus, direkt zum Eingangsportal hinaus. Der Schulhof glüht unter sommerlichem Staub. Wir nehmen in Blockformation Aufstellung.

Das Rondell mit den Fahnenmasten ist vorige Woche von uns stiefmütterlich bepflanzt worden. Die violetten Blüten liegen matt am Boden. Wahrscheinlich trauern auch sie um das Politbüromitglied, das heute verabschiedet werden soll.

Unsere Direktorin hat Staatstrauer angeordnet. Die Flagge unserer sozialistischen Republik hängt auf Halbmast, und Frau Menge, die Musiklehrerin, wedelt mit ihren Armen im Takt der Nationalhymne. Frank, Torte und ich jaulen, dass wir aus den Ruinen auferstanden seien, die Jungpioniere singen inbrünstig von Deutschland, unserm Vaterland, und die großen FDJ-Hemden brummen vom freien Geschlecht, das emporsteige. Gemeinsam enden wir mit der Sonne, die schön wie nie scheine, gefolgt von heftigen Blitzen am Himmel und grollendem Donner.

Die Zivilverteidigungsgruppe der Schule tritt mit unserem ehrgeizigen Sportlehrer aus dem Milchkeller.

„Die Augen — links!", kommandiert unsere Direktorin.

Wir glotzen alle zur Wehrerziehungsgruppe rüber. Winter bläst in seine Trillerpfeife. Das ist das Zeichen für die in Vollschutz Vermummten, loszurennen.

Sie schnaufen eine Runde um den Appellplatz. Ihre Gesichter sind hinter Gasmasken versteckt.

„Feinddeckung!", brüllt der Sportlehrer.

Die vormilitärische Mannschaft lässt sich in den Staub fallen.

„Aufstellung!" Die Gruppe formiert sich in Windeseile, um danach sofort wieder im Luftschutzkeller zu verschwinden.

„Der erste Teil des Programms ist geschafft", flüstert Frank und stößt mir aufmunternd in die Seite.

„Nächstes Jahr sind wir dran mit der Nummer."

Jedes Jahr, kurz vor den Sommerferien, treten wir singend aus dem Schulgebäude, um eines unserer geliebten Politbüromitglieder unter wehenden Fahnen zu verabschieden. Im Direktionszimmer hängt die Ahnengalerie der Parteispitze. Es sind schlechte Reproduktionen auf Papphohlkörper. Fast die Hälfte der alten Männer ist mit Trauerflor behangen.

Für den letzten SUBBOTNIK sind wir bei Nilpferdgesicht, unserem gefürchteten Hausmeister, eingetragen, den sauren Milchkeller mit WOFASEPT zu schrubben. Dafür liegen schon zwei Gasmasken der Zivilverteidigung im Traditionszimmer für uns bereit

Wir stülpen uns die Dinger über und betrachten uns im Glas der Vitrinen.

„Da fehlt noch was", johle ich und öffne die Schranktür, hinter der die historischen Reliquien lagern.

Ich schmücke Franks Gummiglatze mit der Budjonny-Mütze des kleinen Trompeters und bekomme dafür die Tschapka des gefallenen sowjetischen Soldaten verpasst.

Als Frank mich mit der Mütze krönen will, stolpere ich. Panik erfüllt meinen Gummikopf.

„Ich krieg keine Luft!", grunze ich und stoße gegen die Heiligkeit unserer Schule, die Vitrine mit der Brille Walter Ulbrichts. Sie kommt gefährlich ins Schwanken.

Ich versuche noch, das Unausweichliche zu verhindern, doch es ist zu spät. Ein ohrenbetäubendes Klirren erfüllt den Raum.

„Raus hier!", röhrt Frank mir entgegen.

Ich taumle zwischen den Glasscherben zur Tür.

Frank zerrt mich aus dem Zimmer.

Ich schwanke den Gang entlang. Vor meinen beschlagenen Gasmaskengläsern taucht unsere Direktorin Elfriede Kitt auf.

„Was soll denn dieser Aufzug?", meckert sie und krallt sich an meinem Arm fest.

„Wir sind im Einsatz", pfeift Frank durch den Maskenfilter.

„Ich werd euch was, unsere Republik zu verunglimpfen!", hallt es noch in meinen Ohren, bevor ich zu Boden gehe.

Frank schraubt mit einem gekonnten Handgriff das Ventil meiner Maske auf, und ein Befreiungsrülpser entfährt meiner Lunge. Ich atme wieder.

„In einer Minute in der Direktion!", bellt Elfriede Kitt und stakst den Schulhausgang entlang.

Was folgt, ist ein ausgiebiger Vortrag über die sozialistischen Errungenschaften im Kampf gegen den kapitalistischen Aggressor.

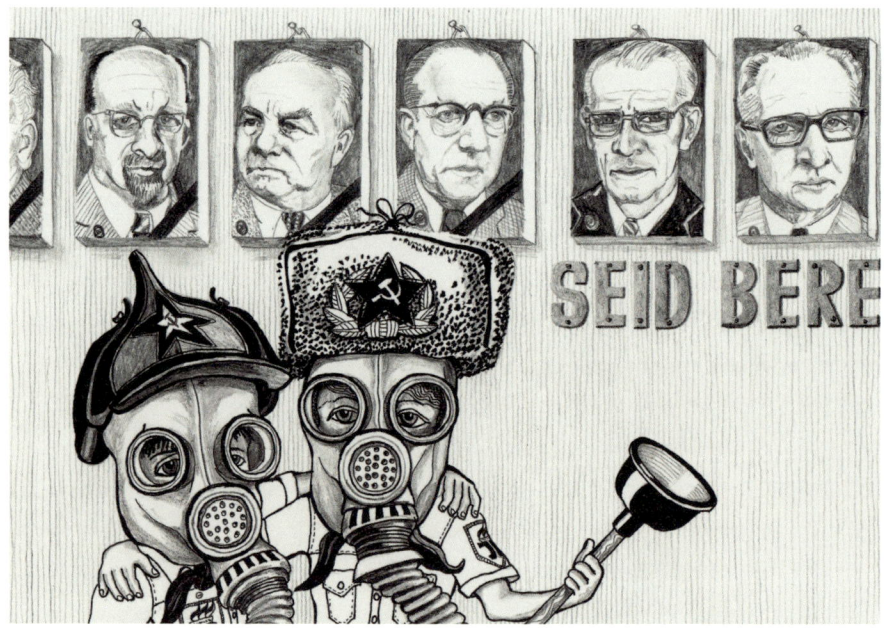

„Ihr genießt hier auf Kosten des Staates eine hervorragende Schulbildung. Das bedeutet für euch, dass ihr dem Sozialismus zu dienen habt!" Die alten Männer des Politbüros blicken ernst von der Wand herab. Erst jetzt fällt mir auf, dass keiner von ihnen lächelt. Na ja, der Sozialismus ist auch eine ernste Sache.

Unter ihrer Aufsicht müssen wir den Linoleumboden auf Hochglanz bringen, danach ist das Traditionszimmer dran.

In der PGH Glaskunst bestellen wir reumütig eine neue Vitrine für Walter Ulbrichts Brille. Dafür sammeln wir mit unserer Pioniergruppe Altstoffe. Unsere Bewährung im Klassenverband dauert bis zum nächsten Fahnenappell.

Frank, Torte und ich halten je einen Zipfel der Arbeiterfahne. Unsere Direktorin zipfelt mit. Wobei sie uns keine Sekunde aus den Augen lässt. Wir stehen in der Mitte des Appellplatzes, ein Jungpionier bläst das „Lied vom kleinen Trompeter". Bei den ersten schiefen Tönen fallen Gewittertropfen in den Staub. „Stimmt ein!", befiehlt Frau Menge ungerührt und schwingt den Taktstock.

Die Blockformationen brummen vom Rotgardistenblut. Sekunden später öffnet sich der Himmel. Regen peitscht in unsere Gesichter und verwandelt die Fahne der Arbeiter in einen unendlich schweren Wassersack. Ich starre der Schuldirektorin in ihre sozialistischen Augen. Verbissen kämpft sie mit dem Fahnenzipfel, der sie zu Boden zieht. Ich bin der Erste, dem das rote Tuch entgleitet. Das Symbol vom Blut der Arbeiterklasse rutscht mir durch die nassen Finger. Frank und Torte folgen meinem Beispiel und lassen auch los.

Unsere Schuldirektorin kommt ins Straucheln und fällt in die Stiefmütterchen-Rabatte. Mit einem Schwall ergießt sich der Inhalt des Fahnensacks über sie. Ehrfürchtig liegt sie im Schlamm und hält in ihrer Faust noch den Zipfel der Macht. „Die Fahne ist niemals gefallen, so oft auch ihr Träger fiel ...", schallt es in den Sommerregen.

Endlos liegen die Sommerferien vor mir. Die Schule und das letzte strapaziöse Ereignis, die Zeugnisübergabe, habe ich glücklicherweise hinter mich gebracht. Immerhin steht am unteren Rand der linken Seite meines Heftes „versetzt nach Klasse 5", das muss reichen, jedenfalls fürs Erste. Die Vieren in Deutsch und Russisch trüben ein wenig meinen Frohsinn, denn Mutter wird am Strand bestimmt mit Diktaten und Vokabeln nerven. Seit ich meine Zensur in Rechtschreibung auf dem letzten Zeugnis mit Tintenkiller und Kuli stümperhaft frisiert habe, ist sie wachsam.

Schon morgen soll es an die geliebte Ostsee gehen, auf eine geheimnisvolle Insel.

Mutter hat vor Tagen die Koffer gepackt. Unter ihrer strengen Aufsicht fülle ich Packlisten der Deutschen Reichsbahn mit meinem Schönschriftfüller aus. Wir nummerieren den halben Hausstand und beschriften ihn sorgfältig: Berge von Bettwäsche, Decken, Kochgeräte, Badetücher und Taucherbrillen. Wir schleppen die Koffer zum Ost-Güterbahnhof.

„Da komm se janz schön spät!", faucht die Reichsbahnangestellte, als sie unsere Koffer zu einem Haufen Postmietbehälter wuchtet.

„Die Fracht hier tuckert erst mal in die Lausitzer Kohlengruben, wejen die Konsumjüter."

„Aber warum das denn?", protestiert Mutter.

„Die Kohle-Kumpels brauchen Rasierapparate, sonst renn den reihenweise die Weiber weck, verstehn se?" Sie lacht. „Und dit is ne Anweisung von janz oben!" Dabei tippt sie sich mit dem Zeigefinger an ihr linkes Revers.

„Aber sind die Sachen denn dann pünktlich im Ostsee-Quartier?"

„Machen se sich mal keene Sorjen, junge Frau!

Packen se ne Zahnbürste und ne Bluse in ihre Handtasche. Ick werd den schon Dampf unter de Lok machen!"
Die Reichsbahnfrau wiehert aufmunternd.

„Können wir Frank nicht doch mitnehmen?", flehe ich meine Mutter an. Die Vorstellung, ohne ihn das Meer rauschen zu hören, bringt mich um den Schlaf.
„Bitte, Mutti, wir haben doch die alte Campingliege im Keller."
„Das geht nicht, mein Junge! Die Urlaubsreise hat dein Stiefvater von den HO-Gaststätten als Auszeichnung bekommen, da können wir jetzt nicht noch Forderungen stellen. Außerdem ist die Essensversorgung im VEB „Lachmöwe" gesetzlich auf drei Personen beschränkt. Punkt, aus!"
Aber ich nerve meine Mutter so lange, bis sie einknickt.
Jetzt kann nichts mehr schiefgehen. Ich bin das glücklichste Kind von Pankow.
Seit Wochen glüht die Hauptstadt der DDR. Alle sprechen vom Jahrhundertsommer. Und wir haben den Fünfer im Telelotto gewonnen! Einen Urlaubsplatz am Atlantik der Deutschen Demokratischen Republik!

Früh um fünf werde ich von leisem Klappern geweckt. Mutter werkelt in der Küche. Sie schreckt Eier ab, stapelt Bouletten, schmiert Stullen, kocht Tee für die Weltreise.
Um halb sieben sitzen Frank und ich geschniegelt und abfahrbereit mit prall gefüllten Campingbeuteln im Korridor. Mutter flattert zwischen Wohnstube und Küche hin und her. Aufgeregt ruft sie in der HO-Gaststätte „Zum Wildschütz" an und verlangt meinen Stiefvater zu sprechen. Er ist seit gestern wie vom Erdboden verschluckt.
Gegen Mittag drückt sie mir zwei Mark in die Hand.
„Holt euch am Bahnhof 'ne Bockwurst, ich such den Alten".
„Aber ..., wann fahren wir denn los, Mutti?"

Sie streicht durch mein widerspenstiges Haar. Ich fühle ihre warme Hand und blicke erwartungsvoll in ihre blauen Augen.

„Bald Junge, mach dir keine Sorgen."

Frank und ich trotten über unseren verwaisten Hof und wirbeln Staub auf. Die heißen Straßen sind wie leergefegt.

Es ist der erste Ferientag in der Republik. Kein Menschenkind ist in der kleinen Pankower Welt zu entdecken. Wir klettern auf die Mauer am Rangierbahnhof und beobachten endlose Schlangen von zerbeulten Güterwaggons, die langsam in verschiedene Richtungen rollen. Ich muss an unsere Koffer denken.

Als ich am Abend mit Frank zu Hause eintreffe und die Wohnungstür aufschließe, sitzt Mutter weinend auf dem Boden vor der Flurgarderobe. Zusammengekauert hockt sie da. Klein und zerbrechlich, so habe ich sie noch nie erlebt. Ich streiche ihr über die nassen Wangen, ihr Make-up ist verschmiert.

„Was ist, Mutti?", flüstere ich.

„Die Urlaubsreise ... die Strandvilla. Alles eine riesengroße Lüge!", schluchzt sie.

Ich drücke sie an mich und spüre das Zittern ihrer Lippen.

„Dein Stiefvater hat alles versoffen ... unser ganzes Geld!"

Ihre Tränen sickern in mein Campinghemd.

„Es ist nicht schlimm!", sage ich leise und blicke in Franks verwirrtes Gesicht.

Und im selben Moment bricht die schöne Ferienwelt in mir zusammen.

Ich sehe eine Lachmöwe kreisen. Ihre Schreie hallen in meinen Ohren. Die Ostseewellen, der weiße Sand, die Strandburgen, die bunten Fähnchen im Wind verschwimmen vor meinen Augen und sind mit einem Mal verschwunden.

„Wir bleiben ... einfach hier!", stottere ich und streiche über Mutters schönes Haar.

Doch plötzlich bäumt sie sich auf, wischt ihre Tränen weg und verwandelt sich in eine Kriegerin.

„Jetzt ist Schluss! Ich reich die Scheidung ein!", sagt sie hart und verschwindet im Wohnzimmer.

Ich lausche an der angelehnten Tür und höre, wie sich die Wählscheibe des Telefons dreht.

„Hallo?", sagt Mutter. „Ist da die Jugendherberge DRUSCHBA?"

Am nächsten Tag brechen Frank, Mutti und ich mit Picknickkörben, Campingbeuteln und unserer alten Klappliege zu einem Abenteuerurlaub in die Märkische Schweiz auf. Mutter hat uns über eine Freundin, die Leiterin der Jugendherberge DRUSCHBA, ein Plätzchen am Scharmützelsee organisiert. Auf die Schnelle kommen wir zwar nur im Werkzeugschuppen der Jugendherberge unter, aber es werden die schönsten Sommerferien meines Lebens ...

Die brandenburgischen Sommertage sind von gleißendem Licht durchflutet. Die Sonne brennt meine Haut schwarzbraun und bleicht mein Haar weißblond. Riesige Gewitterfronten mit ohrenbetäubendem Donnergrollen lassen uns mit den Kiefern am See erzittern und tauchen den lichten Tag in unheimliche Dunkelheit. Sintflutartige Regenbäche ziehen Muster in den Waldboden, spülen knorpelige Wurzelfüße frei und reißen Seekiefern mit sich. An den wilden Uferböschungen treibt Totholz. Der Wind streicht über den See. Die Waldwege dampfen, und auf hölzernen Stegen tanzen Insekten in der Abenddämmerung.

Ich schiebe den Riegel des Werkzeugschuppens auf. Die Tür knarzt. Vor uns ein kleines mit Spinnweben bedecktes Fenster, darunter eine Werkbank. An den Wänden lehnen allerlei Gartengeräte. Ein Bootsrumpf lastet schwer auf eisernen Böcken.
Es riecht nach Teer und Tannennadeln. Die Luft ist kühl unter den großen Kiefern, die ihre Kronen über uns wiegen. Frank boxt mir jubelnd in die Seite, ich umarme begeistert meine Mutter.

„Wir räumen das alte Zeug einfach raus. Ich hab da noch ein paar Campingliegen im Waschhaus stehen", sagt Mutters Freundin.
Frank und ich führen einen Freudentanz auf und springen um unsere neue Abenteuer-Werkzeughütte herum. Erschrocken blicke ich in das entsetzte Gesicht meiner Mutter. Sie hockt auf einem Kiefernstumpf, japst nach Luft. Ihre Freundin streicht ihr übers Haar. „Wir kriegen das schon hin", sagt sie leise.
„Ich wollte einmal in meinem Leben einen schönen Strandurlaub!", sagt Mutter mit tränenerstickter Stimme. „Mich an die kräftigen Schultern meines Mannes lehnen und die Sonne im Meer versinken sehen. Und was ist jetzt?

Jetzt sitze ich vor einem Werkzeugschuppen, wo mir die Mäuse auf der Nase rumtanzen!" Die Freundin zieht meine Mutter an sich: „Schau doch, diese glücklichen Kinderaugen."

Frank und ich legen unsere Köpfe schief und machen Faxen.

Meine Mutter lächelt matt und wischt sich die Tränen weg.

„Wir trinken jetzt erst mal ein Gläschen Rotkäppchen!", bestimmt die Herbergsleiterin und zieht meine Mutter in Richtung Backsteingebäude.

„Tom und Huck!", ruft sie uns noch zu, „bringt schon mal die Bude auf Vordermann."

Am Abend sitzen Frank und ich auf dem Steg unterhalb unserer Hütte und lassen die Beine ins Wasser baumeln. Der See ist dicht von Bäumen umgeben. Ein Blässhuhn bricht durchs Schilf und ruft nach seinen Jungen, die wenige Meter vor uns durchs Wasser paddeln.

„Da ist eine Insel", flüstert Frank verschwörerisch und zeigt auf eine Biegung im See.

„Wir werden das Boot zu Wasser lassen und die Sache unter die Lupe nehmen", flüstere ich.

„Na klar, wir machen den alten Kahn fit!", ruft Frank extralaut. Es hallt über den See. Wir lachen und ich gebe Frank einen kräftigen Stoß. Er landet im Wasser. Ich nehme Anlauf und springe ihm nach.

Drei Tage später zerren wir den alten Holzkahn über den Waldboden zur Wasserkante.

„Stapellauf!", brüllt Frank. Der Kiel fasst Seewasser.

„Wir taufen dich auf den Namen CALYPSO!", rufen wir und lassen die Schnappverschlüsse unserer Brauseflaschen knallen. Frank springt ins Boot. Ich ihm hinterher. Der Kahn schwankt gefährlich an der Uferböschung. Die Fassbrause schießt aus meiner Flasche und trifft Franks Gesicht. „Jetzt bist du dran!", trötet Frank und kippt mir eine Ladung Brause über den Kopf.

Mit ausreichend Proviant und selbstgezimmerten Paddeln machen wir uns auf unsere erste Forschungsreise.

Für den Nachmittag haben wir uns mit Mutti auf der anderen Seeseite im Strandbad verabredet. Sie hat sich mit der Situation und dem improvisierten Urlaub angefreundet und genießt Sonnenbäder unterhalb des hölzernen Sprungturmes. Ein kleiner Kiosk mit Kaffee, Sekt, Sahne-Baiser, Softeis und Fassbrause schenkt ihr ein wenig Trost.

„Wassereinbruch im Vorschiff!", schreie ich.

Wir sind mitten auf dem See und schöpfen wie die Weltmeister. Unser Boot hat Schlagseite und füllt sich rasant mit Wasser.

„Verdammt, wir sinken!", ächzt Frank.

Unsere Campingbeutel treiben in einiger Entfernung. Wir beschließen, zur Insel zu schwimmen. Aber meine Kräfte schwinden schon nach den ersten hundert Metern. Frank ist weit vor mir.

Wie ein Seehund gleitet er durchs Wasser.

Ich bekomme es mit der Angst zu tun. Beim panischen Absenden eines Notrufes schlucke ich Wasser. Doch Frank hört mich nicht. Verdammt! Ich muss weiter, darf nicht aufgeben.

Mit wildem Hundepaddeln durchstoße ich endlich, völlig erschöpft, die Schilfkante.

Ich versuche, im schlammigen Uferboden Halt zu finden, doch der Schlick ist wie weiche Butter. Meine Füße versinken. Ich werde unter die Wasseroberfläche gezogen. Etwas Glitschiges schlängelt sich durch meine Beine. Ich glucke einen Schrei ins Brackwasser. Frank packt mich am Kragen und zerrt mich ans Ufer.

„Das war 'ne Ringelnatter, du Schisser!", sagt Frank belustigt.

Wir sitzen an der Schilfkante und sehen die CALYPSO sinken. Unsere Campingbeutel sind auf Nimmerwiedersehen verschwunden.

Einige Zeit später brechen „Tom und Huck" auf, das Landesinnere der Insel zu erforschen.

Nach Stunden erreichen wir eine Lichtung mit wilden Obstbäumen.

Die unreifen, sauren Früchte quietschen an unseren Zähnen, aber Frank hat Hunger. Unsere nackten Füße brennen.

„Wir müssen weiter, Tom", mahne ich.

Es dämmert bereits und wir irren immer noch durchs Dickicht. Frank hockt stöhnend mit nacktem Arsch im Gebüsch.

„Was ist los?", frage ich.

„Die Kacke flitzt", winselt er.

Ich stütze ihn. Dann schlagen wir uns weiter durchs Unterholz.

„Eine Straße!", rufe ich. „Wir sind gerettet!"

Frank wirft sich einige Meter weiter ins Gras, hält sich den Bauch und jammert. Scheinwerfer durchschneiden das nächtliche Dunkel. Ich springe vor den Wagen. Die Reifen quietschen.

„Bist du wahnsinnig?", der Fahrer ist außer sich und schlägt mir mit der flachen Hand ins Gesicht. Ich heule. Und schreie, dass Frank sterben wird.

Er gibt Gas, wir rasen durch die Nacht. Hupend fahren wir aufs Eingangsportal eines Backsteingebäudes zu. Das Tor öffnet sich, ich atme auf.

Frank wird verarztet, ich werde von einem Mann im Anzug vernommen. Meine Geschichte sei unglaubwürdig, sagt er und telefoniert. Mit Entsetzen starre ich auf ein vergilbtes Schild im beleuchteten Hof: KINDERHEIM STRAUSBERG.

„Wir behalten euch erst mal hier", sagt eine streng aussehende Frau und verschließt die Tür.

Ich heule wie ein Schlosshund, zerre an der Türklinke und rufe nach meiner Mutter.

Der Morgen dämmert, Mutti sitzt an meiner Campingliege und hält meine Hand.

„Alles in Ordnung, du bist in Sicherheit", sagt sie und küsst meine heiße Stirn.

Frank hockt vorm Werkzeugschuppen und sortiert die nassen Sachen aus unseren Campingbeuteln, die von der Wasserschutzpolizei am Vorabend abgegeben worden sind.

Leichter Sommerwind fährt durch die Blätter der Balkon-Geranien. Der Campingtisch mit Wachstuchdecke, darauf zwei Frühstücksbrettchen mit Karomuster, ein Glas Rübensirup, Margarine und eine Kanne Malzkaffee.

Meine erschöpfte Mutter stellt das Kofferradio zwischen die lieblichen Blüten unserer Balkonkästen: „Sieben bis zehn, Sonntagmorgen in Spree-Athen!"

Kurz nach Mitternacht zersplittert die Zimmertür. Mein Stiefvater, in Gestalt eines tobenden Ungeheuers, stürzt in die Dunkelheit unseres Zimmers. Ich liege zitternd unter meiner Decke, neben mir Mutti, die um Hilfe schreit.

Seit den letzten Übergriffen schlafe ich bei ihr im Wohnzimmer.

„Wie kommt das wilde Tier hier rein?", schießt es mir durch den Kopf.

Ich krieche noch ein Stück tiefer unter meine Decke.

„Franks Vater hat doch ein großes Kastenschloss an die Tür gebaut und gesagt, wir seien jetzt sicher."

Ein heftiger Schlag hallt durch den Raum, dann sackt jemand zu Boden. Das Ungeheuer schnauft.

„Mutti", denke ich. „Nicht schon wieder ins Krankenhaus! Du musst dich verteidigen! Nimm mein Indianermesser!"

Die Schreie meiner Mutter werden jetzt heftiger, mein Zittern stärker.

„Warum kommen denn nicht die anderen Hausbewohner? Die müssen doch helfen!"

Ich wische mir die Tränen aus den Augen und krieche unter der Decke hervor, lasse mich lautlos auf den Teppich gleiten und arbeite mich zur angelehnten Balkontür vor.

ULZANA, der Apachenhäuptling, schleicht ins Freie und klettert über die Balustrade.

Der Nachtwind bläht meinen Schlafanzug und streift durch meinen Federschmuck.

Ich renne, denn Mutter soll leben.

Ich renne und sehe das Blut des Weißen Mannes.

Ich renne durch leere Straßen und höre Mutters erstickte Schreie.

Ich renne, und die Bäume wiegen ihre Kronen.

Ich renne, und in den Blättern pfeift der Wind.

Ich renne, obwohl die Seiten stechen.

„Ein Indianer kennt keinen Schmerz!", brüllt Sportlehrer Winter.

Ich renne weiter, spüre den warmen Asphalt unter meinen Sohlen und das Brennen im Hals. In der Berliner Straße pfeift mir der Atem und die Zunge klebt am Gaumen.

„Durchhalten, du Flasche!", hallt es in meinem heißen Schädel.

Sportgeneral Winter wütet an der Zielgeraden.

Ich erblicke das abgewetzte Schild der Polizeiwache, spüre die rauen Granitstufen der Treppe, hämmere auf die Sprechanlage und schreie: „Mutti ... soll leben!"

Das Blaulicht färbt die Straßen. Mit Sirenen rase ich durch die Nacht von Pankow. Der TONI-Wagen lässt die Reifen quietschen. Ich sitze auf der Rückbank eines WOLGA GAZ 21.

„Schneller!", bettele ich, „schneller, Mutti soll leben!"

Die Uniformierten stürzen sich auf das brüllende Tier und legen es in Handschellen.

„So ein Abschaum!", bellen sie. „Wenn der kleine Indianer nich wär, dann würden wa noch janz anders."

Zu meinen Füßen windet sich ein erschreckendes Fabelwesen in einer Lache aus Blut und Urin.

Der Rettungssanitäter sticht in Mutters Vene und sagt: „Alles wird gut."

Ich umklammere sie und presse meine Lippen auf ihr geschwollenes Gesicht.

„Sieben bis zehn, Sonntagmorgen in Spree-Athen!"

Es folgt der Wetterbericht.

Für den Tag werden tropische Temperaturen erwartet, sodass meinem Bitten um einen sonntäglichen Freibadbesuch nichts entgegengesetzt werden kann. Zumal ich meine Hausaufgaben vorbildlich erledigt habe. Und die nächtliche Rettungsaktion hat uns etwas Ruhe verschafft. Die Ausnüchterungszelle hält das wilde Tier für vierundzwanzig Stunden gefangen.

Weil ich die Welt umarmen möchte, wirbele ich das Einkaufsnetz mit den frischen Brötchen der Bäckerei Schuster jubelnd durch die Luft und verpasse dabei dem Kofferradio einen nicht gewollten Stoß. Ich sehe noch, wie es über die Balustrade kippt und höre, wie die Stimme des Nachrichtensprechers leiser wird und abrupt abreißt.

Stille. Ich blicke zu meiner Mutter. Sie fixiert mich mit starrer Miene, ihr Gesicht ist von den nächtlichen Kampfhandlungen gezeichnet. Ich sehe meinen Freibadbesuch ins Wasser fallen. Jetzt hilft nur, ihre Stimmung wieder aufzuhellen. Mit einem Satz springe ich über die Balkonbrüstung und lande im Knallerbsenstrauch unseres Vorgartens.

Bis auf ein leichtes Ziehen im linken Fußgelenk ist alles in Ordnung. Irgendwo höre ich die sonore Stimme von Prof. Dr. Dr. Dathe, der in seiner Sendung IM TIERPARK BELAUSCHT auf die grazile Sprungtechnik der Antilopen verweist.

Eine Wohnung im Parterre zahlt sich eben doch aus.

FREIBAD PANKOW

Wenn unsere Lippen dunkelblau und die Augen feuerrot sind, wird es Zeit, sich auf die heißen Betonstufen oberhalb des Schwimmbeckens zu legen. In wenigen Minuten trocknet die Sonne das Chlorwasser auf der Gänsehaut.

Von hier oben können wir das Schwimmbecken mit der 50-Meter-Bahn hervorragend überblicken.

Aber lange halten wir es nicht aus und schon kurze Zeit später drängeln Frank und ich uns wieder in die Schlange zum Sprungturm. Die Plattform der 10-Meter-Ebene wird von einem schwarzbraun gegerbten Bademeister mit auffälliger Blondlocke freigegeben. Wir klettern einer nach dem anderen die endlosen Stufen der Hühnerleiter hinauf. Ich stocke beim Anblick der immer kleiner werdenden Pankower.

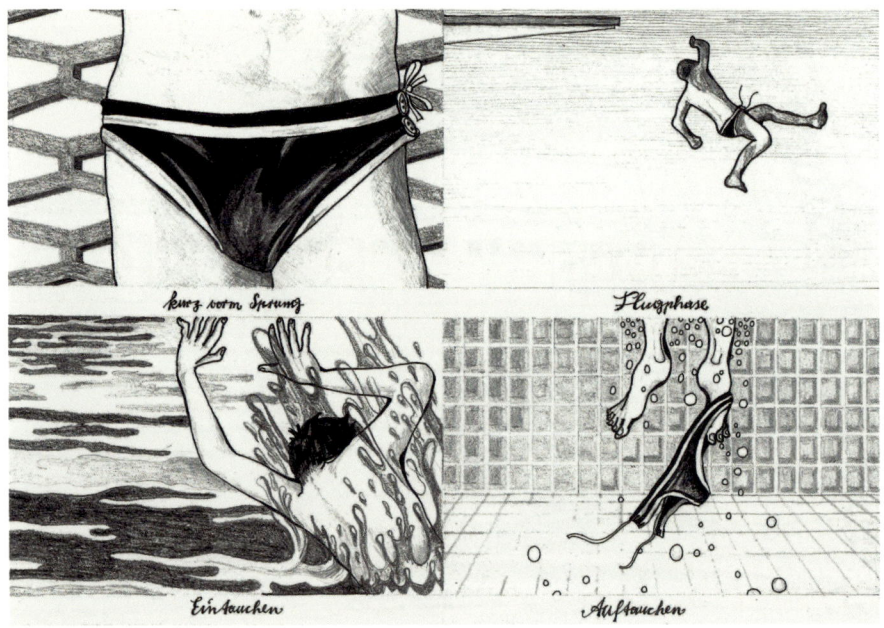

Nach und nach verwandelt sich die riesige Liegewiese in ein niedliches Stück Rasen. Die Handtücher auf dem Boden wirken wie kleine bunte Fähnchen.

„Los weiter, du kleener Schisser!", grunzt ein tätowierter Typ mit Knastträne unterm linken Auge. Er klettert dicht hinter mir. Ich spüre seine säuerliche Bierfahne im Nacken.

Oben klammere ich mich am Geländer fest und schaue mit Entsetzen ins winzige dunkelblaue Rechteck des Beckens.

Der Tätowierte nimmt Anlauf, rennt die schmale Plattform entlang und stürzt sich schreiend mit einem lebensgefährlichen „Seemannsköpper" in den Abgrund. Sein Schädel schlägt durch die Spiegelfläche des Wassers. Danach tritt Stille ein.

Ich bin mir sicher, dass der Typ den Sprung nicht überlebt hat und sich das Blau des Beckens nun mit alkoholgesättigtem Blut mischen wird; dass Rettungssanitäter den Unfallort weiträumig absperren werden und ich als wichtigster Augenzeuge im TONI-Wagen zur Polizeidirektion Pankow gebracht werde, um meine Aussage in eine Erika-Schreibmaschine zu diktieren.

Doch Bruchteile später taucht der Tätowierte mit einem Walrossgrunzen wieder auf.

Ein Johlen geht durch die Masse unterhalb des Sprungturmes. Und schon fliegt der Nächste durch die Sommerluft und lässt das Chlorwasser bis an die Siebenmetermarke spritzen.

Ich gebe Frank ein Zeichen und will gerade die Leiter wieder rückwärts runter, als „Blondlocke", der braungegerbte Bademeister, grinsend die Kette zum Abgang verschließt.

„So, jetzt macht mal 'n bisschen Ballett, ihr Hühnchen."

Frank läuft auf Blondlocke zu.

„Wir wollten nur ma runterkieken."

Blondlockes Locken wackeln lustig im Wind.

„Ihr könnt gleich wieda ruffkieken, wenna unten seid."

Frank nimmt ohne Vorwarnung Anlauf und springt in die Tiefe.
Seine Unerschrockenheit macht mir noch mehr Angst. Aber ich muss runter. Und springe. Ich habe in einem Zustand der Schwerelosigkeit mein noch sehr kurzes Leben deutlich vor Augen. Ein lautloses Durch-die-sozialistische-Welt-Gleiten.

Als ich nach einem nicht enden wollenden Tauchgang Luft schnappend wieder die Oberwelt erreiche, begrüße ich die Fan-Gemeinde mit einem Hustenanfall, kombiniert mit wildem Hundepaddeln.
Ich komme langsam wieder zu mir. An der Beckenleiter bemerke ich den Verlust meiner DREIECKSBADEHOSE.

Seit diesem Tag werde ich in regelmäßigen Abständen von einem nächtlichen Albtraum heimgesucht. Ein langer Tauchgang spült mich vom Kinderzimmer direkt auf den Vorplatz des Freibades Pankow. Ich bin nackt und irre verzweifelt zwischen lachenden Badegästen hin und her, bis mir ein Verkäufer mit Knastträne eine viel zu große DREIECKS-BADEHOSE aufschwatzt, die mir immer wieder vom Hintern rutscht. Ich versuche, die verdammte Hose festzuhalten, doch sie rutscht gnadenlos über die Knöchel, in einen tiefen Abgrund. Ich erwache schweißgebadet.

Essenkübel und Fliegerbomben

Pünktlich 9.50 Uhr tuckert der alte FRAMO über den staubigen Schulhof. Der Typ mit der Knastträne, den Frank und ich inzwischen „Bierchen" getauft haben, und sein Begleiter springen aus dem Führerhaus. „Ey, ihr Schlaffis, Schweinefraß abladen!"

Er winkt Frank und mich an die Laderampe. Wir sind zum Schleppen der Essenkübel eingeteilt.

„Ihr seid doch die beeden Flaschen vom Sprungturm, wa?", nuschelt er an seiner Kippe vorbei und bläst mir eine KARO-Wolke ins Gesicht.

„Ähm, welcher Turm?", stottere ich.

Bierchen wiehert und legt dabei seinen Oberkiefer mit drei Restzähnen frei.

Sein Kumpel stimmt ein und boxt Frank freundschaftlich in die Magengrube.

„Die Nummer mit der DREIECKSBADEHOSE war der Hammer!", prustet Bierchen und schießt dabei eine Spuckefontäne in meine Richtung, gefolgt von einer Salve harter Kicks gegen meinen Arm.

Ich gehe neben Frank zu Boden. Schnell rapple ich mich wieder auf, und wir schnappen uns den ersten verbeulten Kübel und stolpern Richtung Schultor. Frank dreht sich um und brüllt Bierchen und seinem Kumpan zu:

„Ey, ihr Arschgesichter, gleich gibt's 'ne Abreibung!"

Dabei zeigt er auf die Hausmeisterwohnung und grinst. Ich donnere die Tür ins Schloss und wir rennen zur Treppe.

„Bist du wahnsinnig, die Typen machen Kleinholz aus uns!"

Wir nehmen zwei Stufen auf einmal. Der Essenkübel furzt einen jauchigen Geruch ins Treppenhaus. „Die haben doch nur 'ne große Klappe. Wenn die Rolle sehen, rennen die wie die Hasen!"

Der Aufstieg zur Aula, wo schon die dicke Kantinenfrau ungeduldig wartet, gibt uns den Rest.

Wir ächzen die letzten Stufen zur Rotunde hoch und platzieren den Kübel an der Essensausgabe.

„Nu macht ma flinke Beene, da stehn noch acht Stück unten!", bellt Gesigu und wedelt mit der Schaumkelle. Eigentlich ist sie Klofrau und arbeitet ausgerechnet immer dann mit ihren armlangen Gummihandschuhen an der Pissrinne der Jungs-Toilette, wenn mich die Blase drückt.

Für die Ausgabe des leckeren Schulessens hat sie sich eine steife PLASTE-Schürze umgeschnallt, die sie als Schutzschild vor ihren Riesentitten trägt. Auf diesem Panzer klebt die Speisekarte der letzten Woche.

„Wat jibt's 'n heute?", grunzt die dicke Frau.

Ich glotze auf die verschmierte Kreideschrift auf dem Kübel.

„Ge-si-gu ... Gesichtsgulasch!", brüllen wir und rennen die Treppe runter.

Als wir auf den Schulhof stolpern, sind Bierchen und sein Kumpel glücklicherweise schon verschwunden.

Frank hatte also recht, wahrscheinlich ist Hausmeister Rolle, ehemaliger DDR-Meister im Schwergewicht, nur einmal kurz vor die Tür getreten. Ein Fleischberg mit Nilpferdgesicht, der die Einsilbigkeit des Nordens in sich trägt. Seitdem sein Sohn im JUGENDWERKHOF sitzt, lässt er sich jeden Tag volllaufen.

Alle machen einen großen Bogen um ihn, nur Frank nicht. Irgendwie hat er es geschafft, den harten Kerl zu knacken. So ist Frank: Er beißt sich an etwas fest, sitzt leutselig im Hausmeisterkabuff und quetscht Boxergeschichten aus dem verstockten Rolle.

Ich blicke auf die Essenkübel, die in ihrem Tarnkleid in der Vormittagssonne liegen. Ihre graugrüne Farbe blättert von den geschundenen ALU-Gehäusen. Sie erinnern mich an die Fliegerbomben, die wir neulich im Bürgerpark auf der Suche nach einem Tunnel freigelegt haben.

Ein blonder schlaksiger Junge mit Sommersprossen ist in diesem Schuljahr neu in unsere Klasse gekommen. Er stammt von der Küste und wohnt jetzt mit seinem Vater im Grenzgebiet, direkt an der Mauer. Mit einem Zeitungsartikel aus dem NEUEN DEUTSCHLAND steht er eines Tages vor uns.

„Das ist der Hammer!", sagt er und wedelt mit dem Zeitungspapier vor Franks Nase herum.

„Gib schon her, den Scheiß!", zischt Frank. „Und jetzt verpiss dich!"

Wir hocken im Milchkeller und Frank liest mir vor. Der Artikel berichtet von einem Kriminalfall, der sich unweit von unserer Schule, direkt an der Grenze, ereignet haben soll. Es heißt, man habe mithilfe pflichtbewusster Bürger eine Bande krimineller Pankower beim Graben eines Tunnels erwischt und ihnen das Handwerk gelegt.

Das kleine Schwarz-Weiß-Bild neben dem Artikel zeigt eindeutig die Fasanerie im Bürgerpark.

„Wir brauchen den Fischkopp!", sagt Frank.

„Hey, warum denn?", stammle ich.

„Mann, der Fischkopp wohnt im Grenzgebiet. Tunnel finden? Kapito?"

„Ich kann den Typen nicht leiden!", sage ich und habe Angst, Frank an diesen blonden Angeber zu verlieren.

„Du organisierst mit Fischkopp drei Klappspaten aus dem Zivilverteidigungskeller!", weist Frank mich an. „Nach dem Geschichtsunterricht legen wir los!"

Wir sitzen vorm Schultor. Fischkopp zeichnet eine Karte vom Park mit Grenze und Todesstreifen, altem Pumpenhäuschen neben Fasanerie und Panke. Er kritzelt den Verlauf der West-S-Bahn-Route mit Bahnhof Wollankstraße und seinem Haus in der Schultzestraße in den Plan.

„Mann, da ist ja unser Völkerball-Hof!" Ich tippe aufgeregt aufs Papier. Erst jetzt werden mir die geografischen Zusammenhänge des Grenzverlaufes bewusst. „Wir beginnen, an dieser Stelle zu graben!" Frank, im Forscherfieber, zeigt auf das Pumpenhäuschen.

Drei Tage schachten wir unentdeckt ein zwei Meter tiefes Loch in den Bürgerpark. Nach getaner Arbeit legen wir Bretter und Grasballen über die Öffnung.

Als wir uns am vierten Tag unserem Forschungsprojekt nähern, stehen Polizei- und Armeefahrzeuge an der Fasanerie.

Wir schleichen uns auf Sichtweite heran. Unser Loch ist weiträumig abgesperrt.

Ein Kran hebt gerade einen grüngrauen Kübel aus der Versenkung, den wir am Vortag freigelegt haben. In der BZ AM ABEND sehen wir unseren handgezeichneten Plan auf der Titelseite. Daneben ein Foto mit drei graugrünen rostbedeckten Fliegerbomben.

Die Schlagzeile lautet: „Fliegerbomben verhindern Tunnelbau."

Nachdem wir alle Kübel hochgeschleppt haben, stehen wir schweißgebadet vor Gesigu und bekommen den Befehl, die Deckel der Kübel
zu öffnen.

Innerhalb von Sekunden füllt sich der Raum mit süßlich-saurem
Geruch. Mein Magen rebelliert, als ich im Dunst den grauen Schaum
im Kübel erblicke.

„Den musste mit de Schaumkelle runtakratzn!", meckert die dicke Essensfrau. „Der Schatz liecht unta de Stärke verborjen!"

Sie bearbeitet eine klumpige braune Masse in ihrem Kübel.

Frank jongliert einen Stapel Plasteteller zum Ausgabebrett. Gesigu, hinter beschlagenen Brillengläsern, klatscht die ersten Batzen TOTE OMA auf die Teller. Die Blutgrütze leuchtet im Neonlicht. Ich halte die Luft an und kleckse Schlammkartoffeln daneben.

Fischkopp grinst durch die Essensluke und ruft: „Her mit dem Schweine-fraß!"

Die Schlange der BLAUHEMDEN reißt erst ab, als der letzte Kübel leer-gekratzt ist.

„Hierher, jetze jeht's weita!" Im Dunst der Küche erblicke ich die dicke Essensfrau mit einem Gartenschlauch. Sie kommandiert uns an die Abwaschbank und überreicht jedem eine Wurzelbürste.

Wir schrubben die Teller und die Kübel.

„Jetze wird allet ausjespritzt!", kichert eine Stimme im Nebel.

Ein eiskalter Strahl trifft mich im Nacken. Ich gehe hinterm SPRELA-CART-Regal in Deckung und sehe Frank mit dem Gartenschlauch herumfuchteln. „Na warte!", rufe ich und schieße eine Fontäne FIT in seine Richtung.

Der Raum verwandelt sich binnen Sekunden in eine märchenhafte Schaumlandschaft.

Die „Zahlbox des Vertrauens" wird in den 60er-Jahren bei Bussen und Straßenbahnen der Berliner Verkehrsbetriebe eingerichtet. Diese sozialistischen Apparaturen sollen einen schaffnerlosen Betrieb ermöglichen.

Bei meiner täglichen Fahrt mit dem Omnibus zerre ich an dem Hebel der Fahrscheinrolle und reiße meinen Kontrollabschnitt aus dem Schlitz. Im Sichtfenster des Automaten liegt Klimpergeld. Fahrpreis für eine Fahrt: zwanzig Pfennige; ermäßigt für Schüler und Rentner: ein Groschen. Ich glätte das Papier mit den Fingern und studiere die Zahlenreihe auf dem Fahrschein. Es stehen sechs Ziffern in fortlaufender Reihenfolge auf dem klopapierähnlichen Material. Ich sammle die Fahrscheine mit den „Glückzahlen". Eine 333333 und eine 888888 habe ich schon. Und sogar die Ziffern 250812, den Geburtstag unseres Staatsratsvorsitzenden Erich Honecker.

Frank sammelt auch. Wer zehn „Glückszahlen" beisammenhabe, heißt es, bekomme von den Verkehrsbetrieben einen Preis.

Es ist Altweibersommer in Pankow. Die Luft ist durchzogen von Elfenhaar. Goldmarie spinnt feine Seide. Fischkopp, Frank und ich stehen vor einem runzligen Zwerg, dem Fahrdienstleiter des Busbahnhofs Vinetastraße. Seit der Tunnel-Aktion weicht Fischkopp nicht mehr von unserer Seite.
„Muss der immer dabei sein?", flüstere ich Frank zu.
„Ja. Und los jetzt!"
Ich überreiche dem Uniform-Zwerg, der in einem Gespinst aus glitzernden Fäden vor seinem Fahrdiensthäuschen auf und ab wippt, einen selbstgebastelten Umschlag mit zehn Fahrscheinabschnitten. Er schaut uns mit einem großen Fragezeichen in den Augen an und will wissen, ob wir die Pioniergruppe aus der POS „Tamara Bunke" seien.
„Nee, aber wir wollen den Preis für die Glückszahlen abholen!", trällern wir im Chor.
Das Runzelmännlein keckert, dann faucht es:
„Macht, dass ihr Land gewinnt, ihr Scherzkekse!"
Frank will auf Zwerg Nase zuspringen. Aber die Tür knallt ins Fahrdiensthäuschenschloss und das Männlein ist verschwunden.
„Scheiß Gartenzwerg!", schreit Frank und hämmert gegen das Brett.
„Dann holen wir uns den Hauptgewinn eben woanders!"
Auf der Heimfahrt mit der 22 Richtung Rosenthal trete ich wütend gegen die Zahlbox.

Am nächsten Tag steigen Fischkopp, Frank und ich in den letzten Hänger der Tram. Zwei Stationen vor der Endhaltestelle gebe ich das Signal. Mit wenigen Handgriffen sind die drei Schrauben am Deckel der Zahlbox gelöst. Fischkopp greift in den Schlund und schaufelt den Gewinn in meinen Rindslederranzen.

„Meine Damen und Herren, hier sind die Glückszahlen!" Frank wirft unseren Briefumschlag mit einer feierlichen Geste in die Box. Mit schnellen Handgriffen haben wir den Deckel wieder montiert.

Am Kupfergraben kreischt die Straßenbahn in den Schienen und lässt Funken fliegen. In der Wendeschleife springen wir ab und rennen los.

Später sitzen wir im Schatten des Müllhauses und sortieren das Aluminiumgeld. Zwischen Fünf-, Zehn- und Zwanzigpfennigstücken liegen Knöpfe, Kronkorken und Papierschnipsel.

So viel zur „Kasse des Vertrauens".

„Zahltag, Jungs!", hallt eine Stimme aus dem Müllhaus.

„Scheiße, der Iltis!", ruft Frank.

Aber Norbert Fink, ein Hüne aus der Clique der Großen, steht schon grinsend hinter uns. Nicht nur, dass der Riese einen auf dicke Hose macht, nein, seine größte Waffe ist sein beißender Schweißgeruch. Mit schnellem Griff hat er den Großteil unserer Beute in der Faust, noch schneller ist er verschwunden.

An der Tischtennisplatte johlen seine Leute. Sie stehen dicht gedrängt. Wütend versuchen wir, uns einen Weg durch die Clique zu bahnen. Der Iltis packt mich am Hals und zerrt mich nach vorn.

„Hier ist unser Geldgeber!" Er drückt meinen Kopf auf die Betonplatte.

„Lass ihn los, Stinker!", brüllt Frank und verkrallt sich in der Iltis-Jeansjacke.

Mit einem kurzen Seitenkick entledigt sich der Hüne des Angreifers und presst meinen Kopf fester auf den Waschbeton. Ich japse nach Luft und sabbere eine Spuckepfütze auf die Platte.

„Mach schon, leg los, Sunny!", rufen die Großen. Cornelia Sonntag fährt durch ihre blonde Löwenmähne. Dann durchs zottelige Fell ihres Cockerspaniels, der unmittelbar neben mir auf der Platte liegt. Sunny ist die Schönheit unseres Karrees und noch dazu sehr freizügig in kleinen

Liebesdiensten. Für ein paar Groschen gibt es Küsse und für zwei Mark zeigt sie ihre Möse.

Sie umfasst den Pimmel ihres Hundes und beginnt, ihn zu reiben. Erst langsam, dann immer schneller. Die Masse johlt, der Cockerspaniel jault und verdreht die Augen. Wenige Minuten später ist der Zirkus vorbei und die Clique weitergezogen.

Fischkopp, Frank und ich sitzen auf der Tischtennisplatte und blicken in die Abendsonne. Feine Marienseide schwirrt durch die Luft. Ein Zwerg schleppt einen Sack Gold über den Hof und verschwindet im Keller. Ich öffne die Faust und halte einen Groschen in der Hand.

Der Herbst ist noch mild, zeigt aber schon sein buntes Kleid. Wir üben uns in Mutproben. Die Sonnabende verbringen wir im Vorgarten unseres Hauses mit Hochsprüngen über stachelige Sträucher, Schnell-laufen mit Schubkarren und Weitwerfen mit Hundekacke.

SUBBOTNIK steht am Hausbrett angeschlagen.

Alle Hausbewohner werden aufgefordert, das welke Laub der Sträucher zu sortieren. Der Wohngebietsausschuss hat angekündigt, anlässlich des 27. Nationalfeiertages der DDR die GOLDENE HAUSNUMMER zu verleihen.

Angesichts des herausragenden Feiertags beschließen Frank und ich, uns tüchtig herauszuputzen.

Ich wühle im alten Kleiderschrank meiner Mutter und zerre die Tüte mit den Haarteilen heraus.

Frank und ich läuten das Revival der 60er-Jahre-Haarkunst ein und kreieren mit Dutt und Perücke neuartige Kunstfrisuren. Der Haarlack fixiert, was nicht halten will, der Schminkkasten zaubert Farbe in unsere blassen Gesichter. Das schwarze Abendkleid meiner Mutter wird mit einem Cowboygürtel in Form gebracht.

Mit einer Ladung Socken verschaffe ich mir eine beachtliche Oberweite. Frank schnürt sich ein Mieder um den Bauch und schlüpft in glitzernde Feinstrümpfe. Ein roter Minirock, eine Paillettenbluse und der muffige Marderkragen meiner Großmutter verwandeln uns in die Diven von Pankow. Die hochhackigen Stiefel stopfen wir mit BERLINER ZEITUNG aus und bringen sie auf unsere Größe.

Wir stoßen mit Fassbrause auf die Feierlichkeiten der Republik an. Frank greift sich seine Spielzeug-KALASCHNIKOW, ich stecke zwei Colts in meinen Gürtel. So ausgerüstet, beschließen wir, einen Rundgang durchs

Wohngebiet zu machen. Aber nicht nur wir, sondern auch die grauen Häuser haben sich ordentlich rausgeputzt. Schwarz-rot-goldene Fahnen mit Ährenkranz an den Fenstern, Wimpelketten und Papiertauben über den Hauseingängen.

„Es lebe die NATIONALE FRONT!", ruft Frank und lässt die KALASCHNIKOW rattern.

Ich reiße eine Wimpelkette aus einer Rabatte und wickle sie mir um den Hals. Am Eingang Nummer 5 zerren wir zwei rote Fahnen aus der Halterung und schnappen uns eine goldene 27 im Ährenkranz, die ich Frank ins Haar stecke.

An der Ecke Granitzstraße gehen wir hinter einem Knallerbsenstrauch in Deckung. Es donnert und dröhnt vom Güterbahnhof her. Eine Kolonne T-34-Kampfpanzer rollt auf uns zu. Die Eisenketten knirschen auf dem Kopfsteinpflaster. Der Krach ist ohrenbetäubend. Kurz vor der Neumannstraße stoppt die Division, die Kanonen auf uns gerichtet. Der Motorenlärm verhallt in den Straßenschluchten. Stille. Die Stahlmonster stehen bewegungslos da. Kein Panzersoldat ist zu sehen.

„Los jetzt, so nah kommen wir nie wieder an die Dinger ran!", ermuntert mich Frank und zerrt mich aus dem Gebüsch. Ich stolpere auf meinen hohen Absätzen über die Pflastersteine.

„Hey warte, das ist doch Wahnsinn!", rufe ich Frank hinterher.

Mir ist die Lockenperücke ins Gesicht gerutscht. Frank klettert mit hochgestreiftem Minirock über die Kettenglieder, vorbei an einem Guckloch, auf die Drehkanzel. Ich habe Mühe, ihm zu folgen. Am Maschinengewehraufsatz reiße ich mir das Dekolleté auf und ein Sockenknäuel fällt in die Tiefe. Mit gespreizten Beinen sitzen wir auf der Kanone und schwenken die Arbeiterfahne. Als ich meine Knallplätzchenpistole ziehe und in die Luft ballere, taucht Frau Reinhold, die Gattin unseres verhassten ABVs, mit ihrem schwarzen Königspudel vorm Kanonenrohr auf.

„Habt ihr 'ne Macke? Kommt da runter!"

Wir schwenken die Fahnen und grölen. Der Königspudel bellt.

„Wir sind die feinen Ladys aus Pankow und schwingen die Titten zum Nationalfeiertag!" Frank wirft ihr eine Kusshand zu, ich strecke ihr die Zunge raus.

„Ihr seid doch die Bengels aus der Nummer 8, ich kenn euch doch."

In diesem Moment öffnet sich eine Luke oberhalb der Kanzel und ein Soldatenkopf schiebt sich aus der Öffnung.

„Absteigen Ladys."

Ich falle vor Schreck fast vom Rohr, kann mich gerade noch an Frank festklammern und sehe einen Militärjeep vorfahren.

Ein Soldat mit Stahlhelm gibt uns Hilfestellung beim Runterklettern. Er kann sich ein Grinsen nicht verkneifen. Der Königspudel hebt ein Bein und markiert den Panzer.

„Das war eine gefährliche Nummer!", sagt der Fahrer des Jeeps und kommandiert: „Einsteigen!"

Kurz darauf sitzen wir im Polizeirevier der Berliner Straße.

Ein Oberstleutnant bellt uns an. Wir heulen wie die Schlosshunde.

„Was habt ihr euch dabei gedacht, die Republik zu verunglimpfen? Volkseigentum zu stehlen? Das ist Rowdytum!"

Der Uniformmann stampft in seinen Stiefeln auf und ab.

„Die Sache wird im Klassenverband ausgewertet. Ist das klar?"

„Jawohl!", jaulen wir und: „IMMER BEREIT!"

In unseren „Diven-Kostümen" nehmen wir Aufstellung und salutieren mehrfach mit dem Pioniergruß.

Wir müssen eine zweiseitige Stellungnahme über die Bedeutung des Nationalfeiertages, die Gründung der DDR und unsere Verantwortung als Mitglied der Pionierorganisation „Ernst Thälmann" schreiben. Frank wird vom Gruppenrat als Agitator abgewählt und hat fortan den Fahnenapell zu organisieren. Ich werde unserem Wandzeitungsredakteur zugeteilt. Meine Aufgabe wird es sein, sozialistische Größen mit Stecknadeln ans rote Tuch zu pinnen.

Ein Jahr später wird eine Clique Jugendlicher aus der Erweiterten Oberschule „Juri Gagarin" am Nationalfeiertag in der Karl-Marx-Allee verhaftet.

„Give Peace a Chance" und „Nieder mit der DDR" hatten die Oberschüler gerufen. Nach Paragraph 215 des Strafgesetzbuches werden sie wegen Rowdytums zu zwei Jahren Freiheitsentzug verurteilt.

Meinen ersten Liebesbrief schreibe ich auf eine herausgerissene Seite meines Deutschheftes. Die Botschaft ist kurz, aufs Wesentliche reduziert.

Ausschweifungen sind nicht meine Stärke. Bei Aufsätzen quäle ich mich an die geforderte Mindestwortzahl heran, während es den Mädchen unserer Klasse nur so aus den HEIKO-Füllern fließt.

Der HEIKO ist die sozialistische Antwort auf den heißbegehrten Pelikano-Füller des Westens. In der ersten Klasse kratze und kleckere ich zwischen die Zeilen und wische mit meiner Hand durch die Tinte. Obwohl ich Linkshänder bin, befiehlt mir meine Klassenlehrerin, die rechte Hand zum Schreiben zu nehmen. Ich bocke und verweigere die Schönschrift. Meine Mutter hält ihre schützende Hand über mich. Und so kritzele ich weiter linkshändig mit meinem HEIKO ins Übungsheft.

Bis zu dem Tag, als wir mal wieder meine kleine Großtante in der Friedrichstraße am TRÄNENPALAST abholen. Dort befindet sich eine gläserne Abfertigungshalle, von wo eine Treppe in den geheimnisvollen Untergrund des Westens führt.

Einige DDR-Bürger stehen weinend neben uns und winken ihrem Westbesuch hinterher. Ich dagegen freue mich auf Tantis Ankunft im Hochsicherheitstrakt des Palastes.

Tanti ist eine herzensgute alte Dame, die einmal im Jahr die Todeszone der Grenze passiert, um phänomenalen Westduft in unserer 2-Raum-Wohnung zu verbreiten.

Jetzt steht sie mit einem riesigen Vulkanfiberkoffer in der Linken und einem übergroßen Postmietbehälter in der Rechten vor uns.

Ihre Ankunft ähnelt einem Foto aus meinem Geschichtsbuch. Darauf zu sehen ist das graue Nachkriegs-Berlin mit Flüchtlingen, die ihr einziges Hab und Gut in großen Koffern und Kisten durch die Gegend schleppen. Obwohl Tanti aus dem Westen kommt, verkörpert sie mit ihrer tiefen Bescheidenheit in keiner Weise die bunte westliche Welt.

Zu Hause angekommen, steigert sich meine Neugier ins Unerträgliche. Die feierliche Stimmung in unserem Wohnzimmer ist greifbar. Ich schleiche wie eine rollige Katze um Tantis Gepäckstücke. Mutti hat ein festliches Kaffeekränzchen mit Windbeuteln und Liebesknochen arrangiert, ich lausche dem nicht enden wollenden Geplapper der beiden Damen.

Und dann – endlich – ist es soweit. Der Kriegskoffer meiner Großtante liegt auf unserer Klappcouch. Mit zittrigen Fingern entriegele ich die rostigen Schnappschlösser und klappe den Deckel auf. Ein unzweifelhaft westlicher Duft entströmt dem Gehäuse, der mir erst wieder in den INTERSHOP-Läden der Volkseigenen Handelsorganisation in die Nase steigen wird.

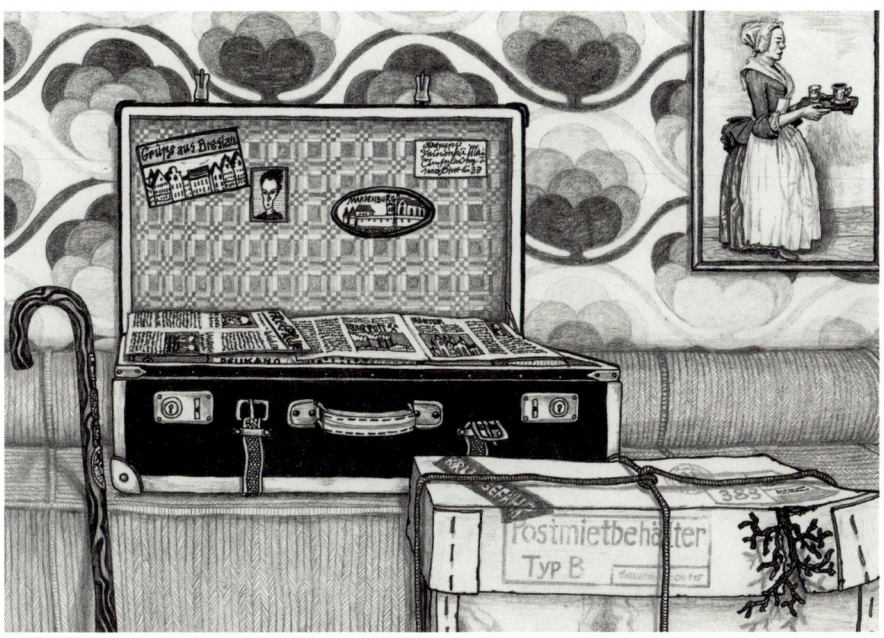

Dieses alljährliche Kofferritual stellt jede weihnachtliche Bescherung in den Schatten.

Zwischen alten Zeitungen liegen Tantis Kleider. Und – natürlich – einige Mitbringsel, die für mich von größter Bedeutung sind. Schicht für Schicht darf ich vorsichtig abtragen, und unter jeder Zeitungslage finde ich einen westlichen Schatz. Ein Päckchen Bohnenkaffee der Marke Jacobs, ein Stückchen luxuriöse LUX-Seife, verschiedene Sarotti-Schokoladen, Kaugummikugeln mit Brausepulverfüllung, feinste Strümpfe. Und dann, in der untersten Lage, eine schmale Schachtel mit dem Logo eines Vogels mit auffälligem Schnabel. Ich kann es kaum glauben und falle Tanti um den Hals.

Den Postmietbehälter hat Tanti mit Zweigen und Reisig ihres Klein-gartens gefüllt. „Damit ihr was zum Heizen habt", sagt sie mitfühlend. In regelmäßigen Abständen treffen Postmietbehälter von Tanti am Güterbahnhof ein. Gefüllt mit matschigem Obst, Knüllpapier und abge-tragenen Kleidern aus dem Westen.

Sie ist nicht von ihren Carepaketen abzubringen, genauso wenig wie von ihren Besuchen in unserem Wohnzimmer.

Tanti ist so zuverlässig wie ein Schweizer Uhrwerk.

Bis zu ihrem Tode schleust sie ihren Vulkanfiberkoffer durch die Grenz-kontrollen im TRÄNENPALAST, um mir jedes Jahr einen besonderen West-Wunsch zu erfüllen. Im Laufe der Jahre werden aus Comic-Heften Bluejeans und aus Buntstiften Schallplatten. Sie durchstreift für mich die Kreuzberger Szene auf der Suche nach dem Dreifach-Album des Woodstock-Festivals und besucht auf mein Bitten und Betteln hin eine Hippie-Kommune am Schlesischen Tor, wo sie einen abgewetzten Parka der US-Army besorgt, den sie sich kurzerhand überzieht, um ihn an der Grenzpatrouille vorbei zu schmuggeln. Für sie ist die Erfüllung meiner Wünsche ein inneres Bedürfnis. Je komplexer der Auftrag, desto größer ihr Ehrgeiz. Sie ist in meinen Augen die Botschafterin des Friedens. Die deutsch-deutsche Völkerfreundschaft trägt Tanti für mich in ihrem Vulkanfiberkoffer direkt in unsere „gute Stube".

Ich halte den Pelikano-Füllfederhalter in meiner Hand und lasse die Feder übers Blatt gleiten. Wie von Geisterhand bewegt sich die goldene Spitze des Füllers über das Linienpapier und hinterlässt eine zartblaue Spur.
„Ich liebe Dich! Dein M.", schreibe ich in schwungvoller Schönschrift und drücke meine Lippen neben den Schriftzug aufs Papier.
Mit hochrotem Kopf schleiche ich die Treppe im Nachbarhaus hoch. Vorsichtig öffne ich den Briefschlitz der Wohnungstür und lasse die Botschaft in Sunnys Mikrokosmos gleiten.

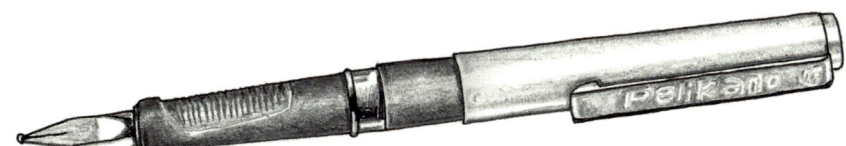

In der Berliner Straße thront ein gewaltiges klassizistisches Gebäude: die Fabrik für Rauchwaren. Ich fahre zweimal am Tag mit dem Bus vorbei. Hohe Mauern umgeben die Fabrik, dazwischen ein Pförtnerhäuschen mit Schranke. Fleißige Arbeiterinnen und Arbeiter strömen früh am Morgen hinein, rollen, wickeln und stopfen KARO, CABINET und CLUB, „zum Wohle des Volkes".

In der Schreibtischschublade meiner Großmutter entdecke ich eines Tages eine Zigarettenschachtel mit der Aufschrift „Königin von Saba". Eine wunderschöne Schachtel ist es, verziert mit dem Porträt eines Herrn „Garbaty" mit Zwirbelbart. Dem Mann soll einstmals die Fabrik gehört haben.

Großmutter erzählt mir, dass dieser Herr mit dem auffälligen Bart aus

Weißrussland gekommen sei, um den Preußen das Rauchen beizubringen. Garbaty bedeute im Russischen „der Bucklige".

Großmutter hasst rauchende Menschen. Großvater ist nur wenige Tage nach meinem Zwillingsbruder gestorben. Sie liegen auf dem Friedhof direkt nebeneinander. Ein kleiner namenloser Stein für meinen Bruder und ein großer Brocken für meinen Großvater. Der Krebs war in Großvaters Brust gewuchert und hatte seine Lunge zerfressen. Selbst auf dem Sterbebett musste Großmutter ihm noch seine Zigarre halten. „Er hat Gevatter Tod Rauchzeichen gegeben und mich im Stich gelassen."

Sie blickt mich durchdringend an.

„Fang gar nicht erst an mit dem Teufelszeug!"

Egal wo ich hinschaue, alle Welt raucht. In der Bahn, den Kneipen, den Büros, an jedem Ort der DDR qualmt es. Die volkseigene Zigarettenfabrik produziert am laufenden Band Glimmstängel. Ein wichtiges Konsumgut, wie ich in der Schule lerne. Die volkseigene Fabrik gehört dem rauchenden Volke. Und ich bin ein Teil dieses Volkes.

Der 16,82-millionste Teil.

Kobelinski steht mit einer KARO im Mundwinkel und wichtigen Neuigkeiten in der Raucherecke des Schulhofes.

„Ick brauch v-v-vier Männa, aber keene H-H-Hosenscheißa!", stottert er. Am Nachmittag hocken wir im Gestrüpp an der Rückseite der Fabrik vor einem drei Meter hohen Zaun mit Stacheldrahtkrone. Auf den Gleisen des Rangierbahnhofs rollen Waggons mit Rohtabak ins Werk. Kobelinski zeigt auf das Freilager und auf die riesigen Papiersäcke im Regen.

„L-L-Los jetzt, Torte und B-B-Bummi da rüber, Hexe und V-V-Vase klettern. Ick behalte den P-P-Personalausgang im Auge!"

Kobelinski ist im September in unsere Klasse gekommen. Er ist das zweite Mal sitzen geblieben und hat schon Haare am Sack. Ich kenne ihn vom Schulhof, besser gesagt die ganze Kobelinski-Bande.

Acht feuerrote Affen, um die man lieber einen Bogen macht. Außer Frank, der gleich am ersten Schultag gegen Kobelinski in den Ring steigen musste. Das Problem ist aber, dass man, wenn man gegen eine Feuerlocke antritt, die anderen sieben noch vor sich hat. Die Sache endete mit zwei blutigen Nasen, anerkennendem Schulterklopfen und dem Angebot, Mitglied der berüchtigten Kobelinski-Bande zu werden. Frank war begeistert, ich entsetzt.

„Hey, d-d-da rüber Jungs!" Kobelinski deutet auf einen Flachbau. Wir klettern auf das Garagendach, dicht am Zaun entlang, dann noch ein Stück weiter über Maschen- und Stacheldraht, und schon sind wir im Hochsicherheitstrakt der Zigarettenfabrik.
Frank und ich schleichen geduckt über den Hof zur „Sackware", die sich als unglaublich schwer erweist.
Kobelinski pfeift, und im selben Moment erscheint ein Wachmann mit Hund auf dem Hof. Wir stolpern hinter die Papiersäcke und bringen uns in Deckung. Der Wachmann dreht eine Runde, dicht an unseren Säcken vorbei und läuft zum Eingang zurück. Wir atmen auf, doch kurz vor der Tür dreht er sich um und klickt seinen Schäferhund von der Leine.
„Fass, Hasso! Fass!", brüllt er.
Frank reißt den Maschendraht hoch. Kobelinski zerrt die nassen Säcke zu sich rüber.
„Scheiße, d-d-dit Vieh kommt!"
„Los! Komm schon!", brüllt Frank und robbt unter dem Zaun durch. Ich stehe zitternd am Maschendraht und sehe, wie die Schnauze der Bestie nach Frank schnappt.
Nur wenige Zentimeter neben seinem Arm schlagen die Zähne ins Gittergeflecht.
Das Tier beißt so lange wie besessen in den Maschendraht, bis es mich erblickt. Ich springe verzweifelt in die Höhe und kralle mich am Zaun fest: Stück für Stück arbeite ich mich hoch, doch kurz bevor ich die

Stacheldrahtkrone erreiche, schnappt die Falle zu. Hassos Zähne verfangen sich in meinem Turnschuh. An mir hängen zwanzig Kilo zappelndes Hundefleisch. Ich schreie den Urschrei der Indianer. Und werde erhört. Mein Schuh rutscht samt Schäferhund vom Fuß und fällt in die Tiefe. Ich bin mit einem Satz drüben und lande auf unserem Diebesgut. Meine NIETHOSE hängt in Fetzen, in meinem linken Bein lodert ein Feuer.

In den Papiersäcken befinden sich klebrige Tabakabfälle und Zigarettenfehlschnitte, die bis zu einem Meter lang sind. Im Schutz des Müllhauses unseres Hofes paffen wir unsere volkseigenen Glimmschlangen.
„Mann, das war 'ne Wahnsinnsnummer!", schwärmt Frank und bläst mir eine Rauchwolke ins Gesicht.
Es dauert nicht lange, bis mir kotzübel wird. Die Zahnpasta ROT–WEISS, die ich hektisch lutsche, um den Rauchgeschmack zu überdecken, bringt das Fass zum Überlaufen. Ich reiher in hohem Bogen auf den Zigarettensack und krache gegen eine Mülltonne. Der rostige Stacheldraht hat nicht nur meine Hose zerrissen, sondern mir auch eine tiefe Furche ins Fleisch gegraben. Frank versucht die Blutung zu stoppen.

Zwei Wochen lang liege ich benommen im Bett. Meine Fieberträume sind erfüllt von dichtem Tabakrauch. Mutter flößt mir Kamillentee ein und stößt leise Flüche aus. In meiner Risswunde am Bein kleben acht Fäden aus Rinderdarm. Ein Buckliger mit Zwirbelbart erscheint mit seinem Schäferhund an meinem Bett und zwingt mich, zwei Meter lange Zigaretten mit der Aufschrift „Volkseigentum der Deutschen Demokratischen Republik" zu rauchen.

Am S-Bahnhof Pankow bildet sich im Morgennebel eine Schlange vor der Würstchenbude. Es ist 6.45 Uhr und Schichtwechsel bei Herrn Garbaty in der Zigarettenfabrik. Die Arbeiter drängeln sich vor dem Tresen. Einige haben ihr „Feierabendbier" schon geleert und kauen nun mechanisch auf ihren belegten Broten herum.

Fasziniert betrachte ich die Auslagen der improvisierten Imbissbude. Auf vergilbten Papierservietten steht WURZELPETER, SEKRETÄR, HERZ ASS, KALI, KIWI und KLARA. Daneben graubraune Industrie-Bouletten zur Pyramide aufgetürmt.

Der Fischkopp behauptet, das sei Kosmonauten-Nahrung.

„Die Dinger kann man bis zu zehn Jahren lagern."

Ich lache und zeige ihm einen Vogel. „Du spinnst ja gewaltig!"

„Wir machen ein Weltraumtraining und testen die Teile!", schlägt Frank vor. Ein alter Waschmaschinenkarton ist unsere SOJUS-1-Kapsel. Wir machen es uns darin gemütlich, saugen Käsetuben leer und lutschen Brühwürfel. Ich knabbere an einem Boulettenkegel. Der trockene Rand schmeckt nach Sägespänen und ranzigem Fett. Im Inneren ist er grau und matschig. Der Kern besteht aus etwas Undefinierbarem.

„Hey, leuchtet mal rüber!", sage ich und pule das rosinengroße Stück heraus. Frank funzelt mit seiner Armeetaschenlampe auf den schwarzbraunen Krümel in meiner Hand.

„Mann, das Ding hat ja Fühler und Beinchen!"

Ich spucke und huste. Fischkopp und Frank lachen und klopfen mir anerkennend auf den Rücken.

„Juri Gagarin entdeckt die erste Schabe im Weltall!", kichert Frank.

„Bei meinem Alten in der Großkuche gibt's die Tierchen in rauen Mengen", stimmt Fischkopp ein.

„Echt? Los, da müssen wir hin!"

Frank hüpft in unserer SOJUS-Pappkapsel, bis wir zur Seite kippen.

Ein paar Tage später hat uns Fischkopp unseren ersten Ferienjob in der Boulettenschmiede des VEB Kabelwerk Oberspree organisiert. Fünftausend Essen gehen hier jeden Tag vom Band. Und wir wollen bis zu den Ellenbogen in der Boulettenmasse rühren und hinter die geheime Rezeptur der graubraunen Kegel kommen.

In der Kleiderkammer werden wir mit Gummischürzen und Haarnetzen ausgestattet und marschieren anschließend im Gleichschritt hinter Fischkopps Vater durch endlose Braträume und Garküchen.

Mit Äxten und Säbeln wird hier organische Masse bearbeitet. Ein rotgesichtiger Arbeiter winkt uns mit einem Saurierknochen zu, den er Sekunden später mithilfe einer Bandsäge zerstückelt und in einen Blechcontainer wirft. Zwei verschwitzte Frauen schaufeln Kartoffeln in Raufen.

Dampfwolken steigen auf, es zischt und brodelt, klirrt und scheppert. Wir bleiben in einer gigantischen Werkhalle mit Herden und Öfen, die für Riesen bestimmt zu sein scheinen, stehen und bekommen unsere erste Aufgabe. Sie besteht darin, die versifften Gussrahmen der großen Bräter abzuschrauben und zu reinigen.

„Da kleben mindestens zwanzig Kilo Boulettenmasse drunter", witzelt Fischkopps Vater und überreicht jedem von uns einen Schraubenzieher.

„Also ran an den Kitt, der unsere Kantine zusammenhält!"

„Ich dachte, wir lernen hier, wie man Bouletten macht?", protestiere ich.

„Die Filetarbeit kommt später, mein Junge", lacht er und boxt mir aufmunternd gegen die Schulter.

Ein Gummilatzhosenträger mit irrem Blick springt neben uns auf und ab. Er rührt in einem meterhohen Kessel Erbsensuppe. Dabei schwingt er ein Bootspaddel und faselt: „Erst ma wird Dreck jefressen, bevor's an de Perlen jeht!"

Der Irre keckert, leckt sich die Lippen und grabscht nach Franks Hintern.

„Is gut Rudi, lass die Finger von den Jungs." Fischkopps Vater grinst uns an.

„Hört bloß nicht auf den, der ist pervers."

Wir glotzen verlegen auf unsere Schraubenzieherstummel und fangen an, am Pfannenrand herumzupopeln.

Die Riesenpfannen sind fest installiert und offenbar schon jahrelang im Einsatz. Die Rückstände haben sich nicht nur in die Ritzen der Bräter eingebrannt, sondern kleben überall in einer dicken schwarzbraunen Schicht auf den Rahmen. Wir haben Schwierigkeiten, unter der harten Kruste die Schlitzschrauben ausfindig zu machen. Als wir nach zwei Arbeitstagen mithilfe einer Mistgabel den ersten Rahmen hochhebeln, staunen wir nicht schlecht.

„Die Kruste lebt!", schreie ich.

Tausende lichtscheue Schaben glotzen uns an und krabbeln in alle Richtungen davon.

„Weg hier!", brüllt Fischkopp mit ekelverzerrtem Gesicht.

Kreischend lassen wir die Hebelstange fallen. Der Gussrahmen fällt krachend herunter und zersplittert.

„Jetze jeht's euch an die Eier!"

Der Erbsensuppenpaddler schnauft und springt auf uns zu.

Wir rennen wie die Schaben los.

Vorbei an halben Schweinen, Rinderherzen und Leberwürsten, quer durch die Großküche. Wir flitzen zwischen Knochencontainern hindurch über den Werkskantinenhof, an der Laderampe vorbei zum Werkstor hinaus. Irgendwo quert eine fette Ratte unseren Weg. Der uniformierte Pförtner ruft uns etwas hinterher.

Erst am S-Bahnhof bleiben wir stehen und schnaufen wie die Dampflokomotiven.

Die Frau in der Imbissbude steht vor ihrer WM 66. Es handelt sich dabei um eine Toplader-Wellenradwaschmaschine mit Aluminiumdeckel, die ihr als Würstchenwarmhaltestation dient. Sie schnappt mit einer Holzzange nach den Bockwurstschlangen.

IKARUS „Schlenki" 180 windet sich unter der S-Bahn-Brücke Pankow hindurch und rollt auf die Haltestelle zu. Mit einem Zischen öffnen sich die Ziehharmonikatüren, ich werde von den Schichtarbeitern in den Bus geschoben. Neben mir drängelt sich eine alte Dame mit Haarnetz herein.

Sie knabbert genüsslich an einem Boulettenkegel.

Schöne
Bescherung

Bald nun ist Weihnachtszeit ...“

Die ETERNA-Schallplatte dreht sich unablässig auf unserem Platten-
spieler und verstärkt die weihnachtliche Vorfreude in unserer 2-Raum-
Wohnung.

Es ist Heiliger Abend. Die Zeit bis zur Bescherung dehnt sich ins Unend-
liche. Mein Kinderzimmer blitzt vor Sauberkeit. Ein irritierendes Bild.
Zum x-ten Mal schiebe ich die Kartons im Regal exakt auf Kante. Da ist
der Schuhkarton mit den Ureinwohnern Nordamerikas, dicht daneben
eine kleinere Schachtel mit Bleichgesichtern: Siedler und Cowboys, die
sich in regelmäßigen Abständen unerbittliche Schlachten mit meinen
heldenhaften Indianern liefern. Darunter stehen zwei verwahrloste Se-
gelschiffe, die arg vom Feuer gezeichnet sind. Die Bounty sank vor einigen Wochen brennend im Atlantik (unserer Badewanne). Und da ist

natürlich die Kiste mit den NVA-Soldaten. Einige sind stark lädiert. Sie tragen Kampfspuren des vergangenen Herbstes.

Die Schlacht um Pankow. Sie wird von der Besatzung des T-34-Kampfpanzers RUDY bis ins Detail nachgespielt. Die VIER PANZERSOLDATEN — Frank, Fischkopp, Torte und ich — nehmen an der Befreiung des Stadtbezirkes Pankow ebenso teil wie an den historischen Kämpfen um die Laubenkolonie „Freies Land".

Mit Knaller-Vorräten des letzten Silvesters und mit unseren Spielzeugsoldaten bepackt, schwingen wir uns auf die Fahrräder und nehmen Kurs auf die Mondlandschaft: Baustelle Autobahnanschluss Pankow.

Die polnische Fernsehserie VIER PANZERSOLDATEN UND EIN HUND hatte uns zuvor einundzwanzig Folgen lang in Atem gehalten. Vier polnische Soldaten und ihr Hund Szarik bilden die Besatzung des T-34-Kampfpanzers RUBY im Zweiten Weltkrieg. Sie kämpfen in einer polnischen Einheit gegen die deutsche Wehrmacht, befreien ihre Heimat und schlagen sich bis nach Berlin durch.

Mit dem Hund gestaltet es sich bei uns schwierig. Weil Tortes fetter Spitz Mobby entweder faul an der Leine liegt oder geil an einem unserer Hosenbeine hängt, ist er kaum für unsere Zwecke zu gebrauchen. Dieses Problem wird von Frank kurzerhand mit einer dramaturgischen Änderung gelöst.

„Hund verletzt!", brüllt er. „Sani!"

Ich robbe zu Mobby und zerre ihn hinter einen Kiesberg. In meiner Kampfausrüstung habe ich rote Plakatfarbe, mit der ich eine Wunde ins weiße Fell von Mobby schmiere.

„Schussverletzung am Bauch!", melde ich.

Frank feuert eine Stockrakete ab.

„Verstärkung ist angefordert! Notversorgung durchführen!"

Fischkopp und Torte werfen Knallkörper über den Hügel.

„Angriff!", brüllen sie und rollen den Kiesberg runter.

Ich binde Mobby an einer einsamen Birke fest und krieche zu Frank.

„Wir kämpfen uns zur Frontlinie durch!", kommandiert er. In einer großen Kiesmulde bauen wir unsere NVA-Spielzeugsoldaten auf.

„Hier findet die finale Schlacht statt!" Frank hebt die Faust. „Wir befreien Pankow!"

Torte bestückt die Spielzeugsoldaten mit HARZER-Knallern, Fischkopp stopft die Soldaten in den Kies. Ich kippe je einen Schluck rote Plakatfarbe über die tapferen Kämpfer. Frank verdrahtet eine Zündschnur aus Wunderkerzen und greift zu den Streichhölzern.

„In Deckung, Kameraden!"

Wir kriechen in ein Sandloch. Es kracht, und ein Gemisch aus Kies, Farbe und Gummisoldaten fliegt durch die Luft.

Die Schlacht nähert sich mit drei Stockraketen, zwei Schachteln FILOUS und einem GOLDREGEN dem Höhepunkt, da taucht Reinholdt, der ABV unseres Wohngebietes, auf.

Ich bete Richtung Wohnzimmertür, dass mein größter Wunsch in Erfüllung gehen möge. Eine Spielzeug-MPI-KALASCHNIKOW mit Knallplätzchen-Einzelschuss und Feuerstein-Dauerfeuer. Mit dieser Knarre würde ich die Führung unserer Einheit sofort übernehmen können.

Aber bei „O du fröhliche ..." versagt mir die Stimme. Ich sehe etwas Langes unterm Baum liegen. Oh nein, es ist die Silberbüchse von Winnetou! Und nicht die auf den Wunschzettel gemalte Maschinenpistole. Wie soll ich denn mit diesem Ding an der Befreiung Pankows teilnehmen? Das ist jetzt ein völlig falscher Film. Meine Tränen lassen den Gabentisch verschwimmen und versalzen mir das süße Fest.

Die Feiertage wollen nicht vergehen. Ich kaue verzweifelt auf dem liebevoll zubereiteten Gänsebraten herum. Hoffe auf ein Christkind-Wunder. Schleiche um das Schaufenster des Spielzeuggeschäftes. Attackiere meine Mutter. Erflehe den Umtausch der Winnetou-Flinte.

Hoffe, dass die Handelsorganisation Spielwaren noch eine KALASCH-NIKOW im Waffenschrank hat.
Doch Mutter bleibt hart.

„Ich werde den 7. Mai 1945 nie vergessen", sagt sie leise.
Sie hält mein tränenverschmiertes Gesicht in ihren Händen.
„Einen Tag später war der Krieg vorbei, mein Junge. Großmutter und ich hatten uns im Schlafzimmer versteckt. Ich war vier Jahre alt und hörte das Rattern der Gewehre. Ich sah die Scheiben zersplittern und spürte das Einschlagen der Schüsse. Ein sowjetischer Soldat durchsuchte unser Haus. Er schoss mit seiner Maschinenpistole wild um sich und brüllte. Ich hielt mir die Ohren zu und Großmutter presste mir die Hand auf den Mund. Der Soldat zerrte uns aus dem Kleiderschrank und schlug mit der KALASCHNIKOW auf Großmutter ein. Ich schrie und klammerte mich an seiner Waffe fest.
Wenn er den Abzug seiner KALASCHNIKOW gedrückt hätte, würden wir beide heute nicht das Fest der Liebe feiern."

Mutter schaut mich durchdringend an, und ich sehe für einen Moment das kleine, vierjährige Mädchen, das vor der Schlafzimmeranrichte stehend um das Leben meiner Großmutter fleht.
Sie drückt mir den Kassenzettel der Winnetou-Flinte in die Hand.
„Die Entscheidung liegt bei dir, mein Junge!", sagt sie.
Und verschwindet mit den Resten des Gänsebratens in der Küche.

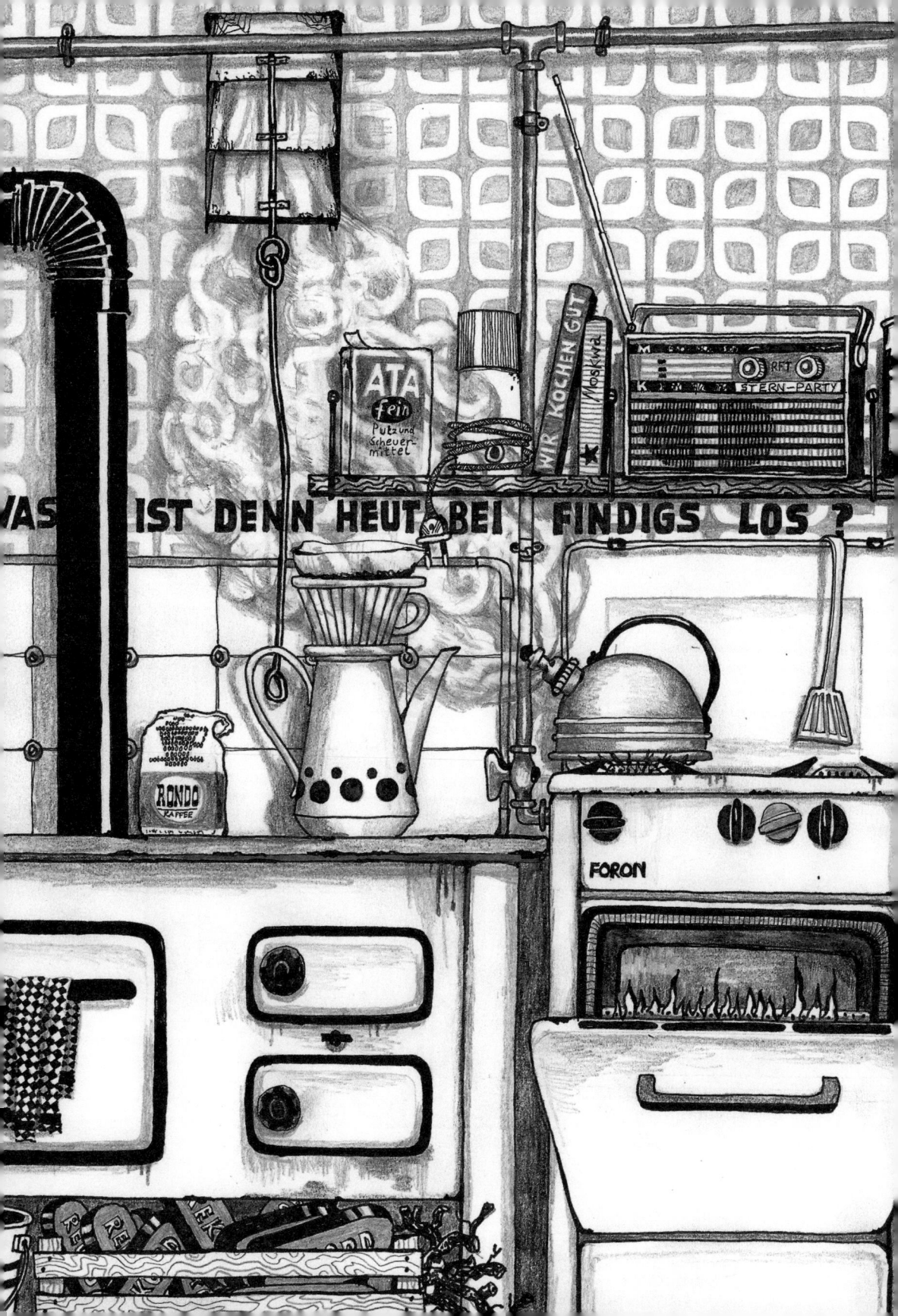

Die Stimme meiner Mutter weckt mich aus einem sommerlichen Traum. „Aufstehen ..."

Im Zimmer ist es eiskalt und dunkel, nur ein leichtes Flackern im Ofenloch. Die Tür zum Flur einen Spalt geöffnet. Ein Schatten huscht über die Wand.

Das Radio plärrt in der Küche. Meine Augenlider schwer wie Blei. Die nächtliche Wärme umhüllt mich und holt mich wieder in den Dämmerschlaf. Ich sehe eiskalte Hosen wie aus Gänsehaut, ein klammes NIKKI mit der Aufschrift „Heißer Sommer" daneben. Socken, deren Löcher mit buntem Stopfgarn geflickt sind. Einen schweren Wollpullover. Ich kratze an roten Handgelenken.

Im Bad tropft Eiswasser aus dem rostigen Badeofen.

Katzenwäsche?

Am Fenster erzählen Eisblumen vom Jahrhundertwinter.

„Der Schnee glitzert im Westen und panikt im Osten", sagt Mutter.

„Die Kälte frisst die alten Häuser auf", sagt Großmutter.

Und gestern?

Da brach die Hauptleitung der Schule, Väterchen Frost hatte die Heizung in einen Eisklotz verwandelt. Die Erde wurde mit Spitzhacken beackert. Feuer brannten im Schulhof und tauten den hartgefrorenen Boden Millimeter für Millimeter.

Urzeitstimmung.

„Aufstehen! Ich sag's nicht noch mal!", ruft Mutter.

Und heute?

Kommt endlich der angekündigte Schneeeinbruch? Mit Verkehrschaos, Versorgungsengpässen und knapper werdenden Braunkohlevorräten?

„Diese ganze sinnlose Energieverschwendung", denke ich. „Einfach im Bett bleiben."

Meine Mutter ist jetzt ungehalten und macht das Deckenlicht an.

Eine ihrer fiesesten Waffen: kaltes, grelles Licht.

Dann doch lieber schnell in die Küche. Der offene Gasbackofen wärmt und lässt die Wände schwitzen. Der Wasserkessel dampft. Meine klammen Finger halten die Tasse mit Malzkaffee. Auf dem SPRELACART-Brett liegen Katenwurst und Harzer Käse.

Es ist 6.55 Uhr und eine bekannte Melodie untermalt die immerwährende Frage:

„Was ist denn heut bei Findigs los?"

Mit der Schulmappe auf dem Rücken setze ich mich mechanisch in Bewegung. Die Rindslederriemen schneiden mir in die Schultern. Im Vorgarten liegt eine gefrorene Taube vorm Schneebeerenstrauch.

Der Weg ist dunkel, nur hier und da flackert das fahle Licht der wenigen Gaslaternen.

Der Frost knarzt unter meinen Stiefelsohlen. An der Haltestelle halte ich an.

Zwei einsame Eskimos warten geduldig mit mir auf IKARUS. Doch seine Flügel sind nicht geschmolzen, sondern offenbar im Osten vereist. Das verkündet eine vermummte Frau, die einen Schlitten hinter sich herzieht. Ihr Atem ein Nebelschweif.

Ein keckerndes Lachen bricht aus ihr heraus, dann zerrt sie ihren Schlitten weiter, auf dem zwei in NVA-Decken gewickelte Kinder sitzen. Ich bin mir sicher, dass es Kai und Gerda sind.

Und jetzt?

Folge ich der Schneekönigin. Doch die Plätze sind schon vergeben. Die Märchenwelt ist hart, aber der sibirische Winter ist noch härter. KORTSCHAGIN hat den Stahl gehärtet, und ich klopfe mit meinen eisigen Fingerspitzen den Takt zu „Schneeflöckchen Weißröckchen".

Am S-Bahnhof Pankow liegt schwarzer Schnee. Rußflocken rieseln im Eiswind. Ich laufe die Treppe zum Bahnsteig hinauf. Stilles Gedränge wie in einem Ameisennest. Auf halber Treppe kommt mir ein grauer Mann mit irrem Blick entgegen. Er reißt seinen Lodenmantel auf und schreit: „Ficken für den Frieden!"

Ich starre auf seinen nackten Körper mit einem Riesenschwanz, der wie ein Zeiger in die Höhe ragt. Blitzschnell ist der Vorhang wieder geschlossen und der Mann verschwunden.

Der Menschenstrom, plötzlich in Aufruhr, spült mich auf den Bahnsteig. Der Schock sitzt mir in den Gliedern. Das Bild brennt sich an diesem eiskalten Wintertag in mein Hirn.

Es soll beim Anblick von Lodenmänteln später immer wieder auftauchen.

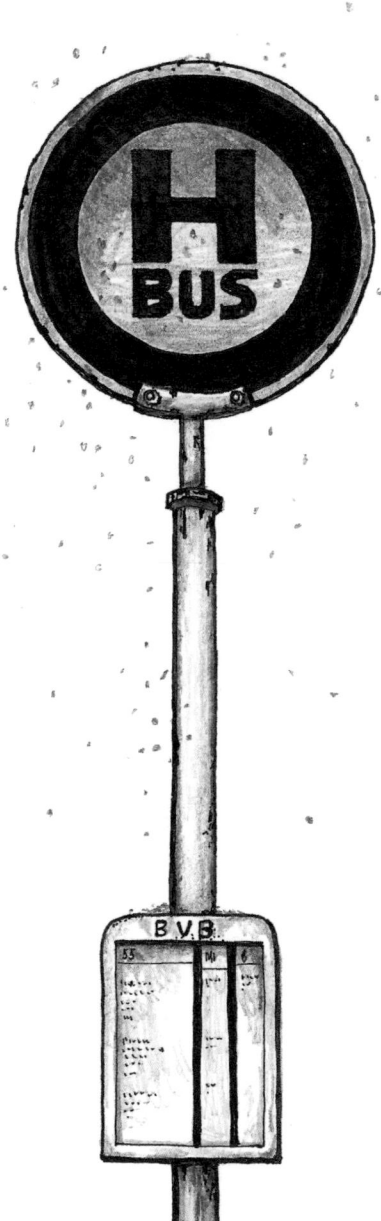

Kannste glauben, die nackten Bräute haben so 'nen Vorbau!"
Frank prahlt in der Hofpause von entblößten Schönheiten im Frisier-
salon. Er schwärmt von eingeölten Rundungen, von lieblichen Flanken
im abendlichen Ostseesand, von Schenkeln und wehendem Haar in
sumpfigen Landschaften.
„Wie jetzt, und die sind alle beim Friseur?", frage ich mit halboffenem
Mund.
„Mann, in den geilen Heften sind die!"
Frank zeigt mir zwei volle Hände und grinst.

Daraufhin bitte ich am Abend meine Mutter um zwei Mark für den ob-
ligatorischen Trockenhaarschnitt. Sie schaut misstrauisch vom Stullen-
schmieren auf.

„Seit wann gehst du denn freiwillig zum Friseur?", fragt sie.

Eine Gewürzgurke rollt vom Plastebrett auf die Wachstuchdecke.

Ich stecke mir die Gurke zwischen die Lippen und paffe sie wie eine Zigarre.

Mutter weiß, dass ich Haareschneiden hasse, doch die Bilder der nackten Frauen im Schilf wollen mir nicht aus dem Kopf.

„Weißt du, ich werde halt auch älter!", sage ich, rauche meine Gewürzgurke und sehe Frank zwischen einer Horde eingeölter Schönheiten auffordernd winken.

„Aber lass diesmal einen Profi ran!", sagt Mutter und grinst.

Ich muss an die letzten zwei Mark denken, die ich Mutter abgeluchst habe ... Mit zittrigen Fingern drücke ich Cornelia Sonntag das Alugeldstück in die Hand. „Die Investition lohnt sich, wirst sehen", flüstert Frank mir ins Ohr. Wir sitzen auf der Kellertreppe und starren auf die knallenge NIETHOSE von Sunny, die sie langsam runterzieht. Mein Herz schlägt mir bis zum Hals, und ein heißer Strom rauscht in meinen Ohren. „Na Kleener, mal anfassen?"

Für Sekunden lächelt Sunnys lockige Möse mich an.

Ich sitze wie festgeklebt auf der Treppenstufe.

„Kostet aber extra!", sagt sie gelangweilt, zerrt ihre Hose wieder hoch und verschwindet.

Frank boxt mir in die Seite.

„Und, hab ich zu viel versprochen?"

„Nee ...! Aber mein Haarschnitt?", sage ich kleinlaut.

„Da mach dir mal keinen Kopp!", posaunt Frank und holt seine Bastelschere aus der Hosentasche.

Mutter ist außer sich, als sie meinen verhunzten Pilzkopf sieht und will sofort mit mir in den Salon „Haarkunst" eilen.

Ich protestiere:

„Da war ein Lehrling ... und der hat ... Freiwillige gesucht ..."

„Beim nächsten Mal komme ich wieder mit, darauf kannste einen lassen!", meckert sie.

„Und jetzt hinsetzen!"

Ich muss also auf dem Küchenhocker Platz nehmen, und Mutter schneidet mir einen Pony im Stil von Mireille Mathieu. Ich heule vor Wut, als sie mir ihren Handspiegel vor die Nase hält.

„So kann ich doch nicht rumrennen!"

Ich schleiche um den „Salon Haarkunst". Versuche, durch die beschlagenen Fensterscheiben etwas zu erkennen und steige langsam die Treppe ins Souterrain-Geschäft runter. Die rechte Tür führt zu den Damen, dahinter eine endlose Stuhlreihe mit Trockenhauben. Links geht's zu den Herren.

Ein kurzes Schellen der Türglocke, dann Stille. Ich hänge meine Schneejeansjacke an die Garderobe; und erstarre kurz beim Anblick des Lodenmantels. Die tabakschwere Luft mischt sich mit Gerüchen von süßem Haarlack, Bartwichse und FLORENA-Toilettenartikeln. Ich husche in die Sitzecke und nicke einem dicken Mann mit Zigarre zu. Ist es der Irre von der Bahnhofstreppe? Ich bin mir nicht sicher.

Auf den Frisierstühlen sitzen Männer mit Halbglatze und lassen sich ihre Spielwiese shampoonieren.

Ab und zu dringt von drüben das Geplapper der Damen in die Stille der Herrengruft.

Ich ziehe vorsichtig den Zeitschriftenstapel zu mir heran, bis ich DAS MAGAZIN zu greifen bekomme. Dabei beobachte ich aus dem Augenwinkel den Zigarren-Mann, der genüsslich an seinem Glimmstummel lutscht. Ich blättere hastig durch die Seiten, bis ich auf den Teil mit den Fotos stoße. Mein Herz rast, mein Kopf glüht.

Frank hatte also recht.

Ich blicke über das Heft zu der vollbusigen Friseuse. Unter ihrem kurzen Nylonkittel zeichnen sich ausladende Hüften ab, genau wie auf dem Bild im Heft. Ihre Bewegungen sind schwungvoll, und ihr Busen berührt ab und zu die Halbglatze des Mannes. Sie streicht erst zaghaft, dann forsch über das Resthaar auf dem glänzenden Hinterkopf, macht einige flinke Luftschnitte mit ihrer Schere und schwingt ihren Hintern dazu. Sie schaut kurz auf und lächelt.

„Na Kleener, bist ooch gleich dran!"

Ich zucke zusammen, DAS MAGAZIN rutscht durch meine schwitzigen Finger. Auf dem Fliesenboden liegt die vollbusige nackte Frau neben wolligen Haarresten im Schilf.

Der Mann mit Zigarre grinst und lässt Rauch aufsteigen.

Einige Minuten später stehe ich mit einem Trockenhaarschnitt für zwei Mark auf der Borkumstraße und muss an das haarige Tier zwischen den Beinen der Friseuse denken.

An meinem Hals stacheln Haarspitzen.

In meiner Hosentasche fühle ich das rausgerissene MAGAZIN-Foto.

Ich bin überzeugt, dass die vollbusige Friseuse die Frau im MAGAZIN-Heft ist.

Der Schulhof ist von Mauern eingefasst, die mit ihren Glasscherben-Kronen die Flucht der Schüler verhindern sollen. Unweit dahinter steht die Berliner Mauer. Mit Grenzpolizei, Hundestaffel und Wachtürmen soll sie ein ganzes Volk von Arbeitern und Bauern schützen.

Jeden Morgen schaue ich, bevor ich die Treppen zum Schulgebäude emporsteige, in den Westen. Die Straße zur Schule endet mit dem Hinweisschild „Grenzgebiet".

Die Mauer lässt die Straße abrupt enden.

Das S-Bahn-Viadukt ist in Stacheldraht eingehüllt.

„Schaut in den Osten, dort steigt die Sonne empor", sagt unsere Lehrerin. Sie spricht über den Weltfrieden, über den West-Aggressor, der eine immerwährende Gefahr bedeute, über die Endlichkeit des stinkenden, parasitären, faulenden Kapitalismus und schließt mit dem Ausruf:

„Für Frieden und Sozialismus – seid bereit!"

Die Klasse brummt: „Immer breit."

Fischkopp wohnt unweit der Schule im Grenzgebiet. Die schmale Straße verläuft parallel zur Mauer. Die kriegsgeschwärzten Häusergiebel der Seitenflügel zeigen in den Westen. Das Hofquadrat ist mit Beton versiegelt.

Drei bröckelnde Fassaden und die Grenzmauer mit Stacheldraht bilden die ideale Arena für unser Stammesspiel VÖLKERBALL. Frank, unser König, steht hinter der gegnerischen Mannschaft und wartet auf meinen gezielten Wurf. Fischkopp, das Opfer, bringt sich hinter einer Mülltonne in Sicherheit. Unser Ball GERMANIA prallt gegen die Hauswand und fliegt zu Frank, der ihn mit einem Faustschlag hoch in die Luft befördert. Wir blicken in das kleine Himmelsquadrat über uns und verfolgen seine Flugbahn über die Grenzmauer.

„Bist du wahnsinnig?", brüllt Fischkopp.

Frank presst seinen Zeigefinger an den Mund und zischt.

„Schnauze!"

Wir halten inne und lauschen in die Stille.

Nichts.

Kein Laut dringt über die Mauer.

„Halt! Stehenbleiben!" Eine Maschinengewehrsalve rattert aus Franks Mund. Ich stimme ein, dann prusten wir los und tanzen wild über den Hof.

„Rattattattattatta ..."

„Ihr verdammten Arschlöcher!", schreit Fischkopp unter Tränen und springt mir ins Gesicht.

Hinter der Mauer sind jetzt Motorengeräusche zu hören. Fischkopp lässt mich los.

Frank zerrt mich hoch. Wir pressen unsere Ohren an die Betonwand und lauschen in den Westen. Türen klappen. Stimmen. Schritte im Kies. Und dann kommt GERMANIA in unseren Hof zurückgeflogen.

Wir rennen in den dritten Stock und glotzen ungläubig durchs Küchenfenster. Zwei Soldaten stehen mit Maschinenpistolen bewaffnet an ihrem TRABBI-KÜBEL und rauchen.

„Eine Grenzpatrouille hat GERMANIA gerettet!"

Fischkopp presst seine Lippen auf den Ball und knutscht ihn ab. Ich blicke zum S-Bahnhof Wollankstraße hinüber. Da liegt, nur einen Steinwurf entfernt, der westliche Teil Berlins. Und wir hocken glücklich vor den vergitterten Scheiben eines Küchenfensters und freuen uns wie die Könige.

„Wir müssen uns bei den Kameraden bedanken", sagt Frank und wühlt in seinen Hosentaschen. Er legt einen Spielzeug-NVA-Soldaten auf den Tisch. Ihm fehlt der Kopf. Ich ziehe die rausgerissene MAGAZIN-Seite

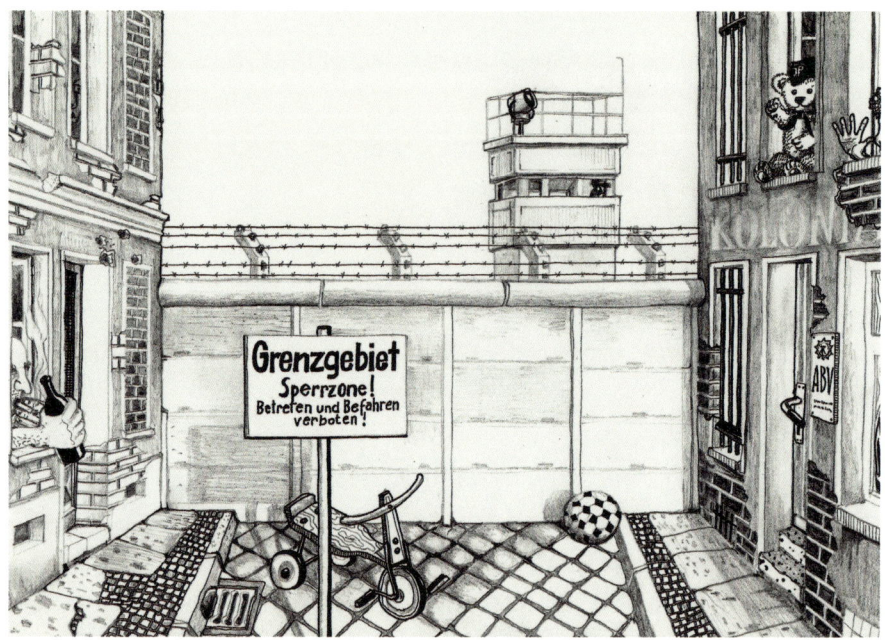

aus meiner Hosentasche, denke kurz nach und schreibe der nackten Dame im Schilf in Schönschrift über den Busen: „EL FRIEDE muss bewaffnet sein."

Fischkopp wickelt den Soldaten ins Papier und öffnet leise das Fenster. Mit gekonntem Anlauf wirft er die Botschaft hinüber in den TODES-STREIFEN. Wir gehen kichernd in Deckung. Als wir wieder im Fensterrahmen auftauchen, steigen die Grenzer gerade in ihr Fahrzeug. Einer der Soldaten schaut kurz auf, dann fahren sie davon.

Eine Woche später, beim Fahnenappell, stellt uns unsere Direktorin eine Delegation der Berliner Grenztruppen aus dem WACHREGIMENT „Feliks Dzierzynski" vor.

Es sind hochrangige Offiziere und einige Soldaten. Mir stockt der Atem, als ich einen unserer Grenzer wiedererkenne. „Die Genossen besuchen unsere Schule zur Klärung eines Sachverhaltes", erklärt unsere Direktorin Elfriede Kitt.

Ich kneife Frank in die Seite. „Verdammte Scheiße, wir sind im Arsch."

Einer der Offiziere schreitet die Blockformation ab und hält dabei einen handgeschriebenen Zettel in Klarsichtfolie hoch.

„Liebe Pioniere, liebe sozialistische Kämpfer der Freien Deutschen Jugend, liebe Genossen. Es handelt sich hierbei um den traurigen Fall einer Konterrevolution. Hier ist das Corpus Delicti."

Der Militärmann ist vor uns angekommen und blickt mit kommissarischer Miene auf mich runter.

„Und, kannst du mir etwas dazu sagen?"

Ich stehe wie angewurzelt da und halte die Luft an. In der Klarsichtfolie ist unsere handgefertigte Tunnel-Skizze der Grenzanlage zu sehen.

„W-W-Wat jibt's 'n dafür?", blafft Feuerlocke Kobelinski, der zum dritten Mal die 6. Klasse wiederholt. Ein Lachen geht durch die Menge. Der Wind bläst in unsere sozialistische Flagge. Die Klassenverbände lockern sich. Die allgemeine Unruhe löst den Druck in meiner Brust. Der Offizier marschiert weiter, auf den Störenfried zu.

„Vortreten!", kommandiert er.

Kobelinski grinst und hüpft wie ein Kaninchen in die Mitte des Appellplatzes, direkt vor die Stiefel der Macht. Er salutiert. Die Schüler sind nicht mehr zu bremsen und brechen in ein haltloses Grölen aus.

Mit dieser Aktion ist das Maß voll. Kobelinski wird wegen erneuter Verunglimpfung der Staatsmacht vom Jugendrichter verurteilt und landet zur Bewährung in einem sozialistischen Produktionsbetrieb.

Eine immer wiederkehrende Mutprobe besteht darin, den Fußball vom Dach unseres Hauses zu angeln, weil er durch Franks Hochschüsse regelmäßig auf dem Schneegitter landet. Nach der Völkerballaktion mit den Grenzposten spielen wir lieber wieder in unserem Hof. Obwohl der Hauswart den ABV auf uns angesetzt hat, nachdem seine Scheiben zersplittert sind.

Der Jahrhundertsommer lässt die Straßen kochen. Unsere Fahrradreifen kleben auf den Asphaltflicken. Wir nehmen Kurs auf den Hof und kühlen im Schatten der Kastanie unsere Hitzköpfe. Fischkopp beginnt mit ein paar gekonnten Hochschüssen. Der letzte wird anerkennend

von Frank kommentiert – „Urst fetziger Hammer!" – und kehrt nicht in unsere Arena zurück. Er verschwindet im offenen Waschküchenfenster des Hauses.

Die Waschküche, eine Art Bodenkammer mit Gaubenfenster, wird nicht mehr genutzt, seit es Waschmaschinen in unseren Wohnungen gibt. Vor ein paar Wochen hat sich aber ein auffälliger Typ namens Seefeld aus dem Nachbarhaus dort eingenistet. Seine Freundin, eine vollbusige Schönheit, lächelt uns beim Aufhängen ihrer Nylonstrümpfe immer aufreizend zu. Jedes mal, wenn ich ihr im Treppenhaus begegne, stiere ich wie gebannt auf ihre Mördertitten.

Dabei muss ich an einen Gerichtsprozess denken, der im letzten Jahr in Pankow für Aufsehen gesorgt hat.
Die „Feuchte Inge", Besitzerin der berüchtigten Gartenkneipe „Zur Falle", hat im Überschwang den zahlungsunwilligen Heinrich zwischen ihre Riesenbrüste genommen. Mit ihren unheimlichen Kräften hat sie den Zechpreller in ihr Dekolleté gepresst. Dort starb der stadtbekannte Säufer lächelnd zwischen ihren, im wahrsten Sinne des Wortes, mörderischen Titten.
Der Gedanke, zwischen Fräulein Seefelds Rundungen den Erstickungs-tod zu erleiden, verschafft mir meine erste Erektion. Und auch später ist dieses Bild beim süßen Genuss der Selbstbefriedigung jederzeit in meinem Kopf abrufbar.

„Wir müssen die Seefelds gebührend begrüßen!", trällert Franks Vater eines Tages und glotzt dem lächelnden Busenwunder in den Aus-schnitt. Er hat ein Grillfest im Hof organisiert. Nicht nur ich und meine Freunde sind also der Aura unserer Pankower Loreley erlegen, die ge-samte männliche Hofgemeinschaft steht sabbernd unter der Kastanie. Franks Vater stampft breitbeinig in seinem ASK-Trainingsanzug an den

Rost und wendet die Thüringer Riesenbratwürste. Seine Frau lehnt mit meiner Mutter an der Teppichklopfstange und beäugt die exotischen Seefeld-Vögel argwöhnisch.

„Die gehen doch keiner geregelten Arbeit nach!", flüstert Mutter ihr ins Ohr.

Frank und ich stellen unseren ZIPHONA TÜRKIS ins Küchenfenster und legen Platten auf. Die Hofgemeinschaft kommt mit ROSENTHALER KADARKA und mehreren Kästen Pilsner in Fahrt. Die Exoten scheinen den ausschweifenden Trinkgewohnheiten der Gemeinschaft standzuhalten. Doch zu fortgeschrittener Stunde, Schlagerstar Schöbel besingt gerade die Sterne in der Sommernacht, kommt es zum Handgemenge. Franks Vater hat das Busenwunder zum Tanz aufgefordert und taucht nach einigen wankenden Drehungen seine Nase in ihren gutbestückten Ausschnitt. Vermutlich auf der Suche nach den Sternen. Diese bekommt er prompt zu sehen, als er sich von Seefeld eine rechte Gerade gefolgt von einem linken Haken einfängt. Wie ein Sack Kohlen plumpst er zu Boden.

Ein Schauer läuft mir den Rücken runter. Um meinen Bauch ist eine Wäscheleine geknotet. Ich liege auf den Dachziegeln und krieche Stück für Stück dem Abgrund entgegen. Frank hat das Ende der Leine um den Schornstein gewickelt. Er gibt mir ein Zeichen. „Los Klette, wir haben schon ganz andere Hürden genommen", ruft er. „Denk an die Mördertitten!"

Für einen kurzen Moment erscheint das abrufbare Bild von Fräulein Seefeld vor meinen Augen und ich komme ins Rutschen. Am Fensterblech der Gaube finde ich Halt und schneide mir ins Fleisch, spüre aber noch keinen Schmerz. Mit einem Satz bin ich in der Waschküche. Ich sehe Ringo Starr in die Augen, der mich von einem Plakat an der Wand anblickt.

Daneben erkenne ich irgendwelche Apparaturen, Schalen mit Flüssigkeiten, Stativlampen und – endlich –, zwischen einigen Kanistern, GERMANIA, den Fußball von Fischkopp. Dann vernehme ich Schritte vor der Tür und stürze mich in Panik aufs Dach. Zwei Ziegel rutschen in die Dachrinne.

Kurze Zeit später sitzen wir in meinem Kinderzimmer und stoßen mit CLUB COLA an.
„Ein Fotolabor hat der Wichser da oben!", sage ich wissend und hole aus meiner Hosentasche eine Handvoll Negativfilme. Mit meinem Diaprojektor werfen wir die Schwarz-Weiß-Rätsel an die Wand.
Die Gemeinde verstummt, als sich die ersten Konturen zeigen. Ich erkenne unser geliebtes Busenwunder in bizarrer Stellung mit Seefeld.
„Da steckt doch was drin", stöhnt Frank und zeigt auf die Umrisse ihres Arsches.

Es klopft und meine Mutter steht wie eine Lichtgestalt mit einem Stullenteller zwischen gespreizten Schenkeln.
„Heiße Würstchen!", verkündet sie.
Ich reiße in letzter Sekunde den Stecker aus der Dose und fummle verlegen an meiner ausgebeulten Hose herum.

„Rache für Vatis blaues Auge", funkelt Frank.
Ich schneide den Negativfilm in Stücke und werfe einen Abschnitt in Seefelds Briefkasten. Frank drückt seine Faust an mein Kinn, wir lachen.

ch darf mich im Schlafanzug neben meine Mutter auf das Klappsofa setzen und mit ihr die Schlagergrößen des Sozialismus bestaunen.

„Als ich dich heute wiedersah", singen Monika Hauff und Klaus-Dieter Henkler. Unter dem stürmischen Jubel meiner Mutter hat das Duo neulich den Grand Prix de Paris gewonnen.

„Das war ein Meisterschuss", dröhnt es aus dem Monolautsprecher unseres Schwarz-Weiß-Fernsehgerätes. Es folgen „Keine Bange" und „Bumsvallera".

Ich schaue verstohlen zu meiner Mutter hinüber, die mit ausladenden Bewegungen mitsingt und große Textsicherheit beweist.

„Jetzt kommt's!", ruft sie.

Ich glotze in die Röhre. Ein leicht näselnder Tscheche singt in gebrochenem Deutsch von einem Krokodil namens „Theophil", das nicht am Nil, sondern in der Badewanne liegt. Mutter klatscht im Takt. Ich bin etwas ratlos, dann klatsche ich mit.

1972 stehen zum ersten Mal „Die drei Dialektiker" auf der Bühne des Friedrichstadtpalastes und präsentieren EIN KESSEL BUNTES. Die Samstagabendshow wird bis in den letzten Zipfel der Republik übertragen, natürlich auch in unser Wohnzimmer.

Diese sozialistische Mischung aus Gesang, Akrobatik, Clownerie und Tanzeinlagen erweist sich als absolut erfolgreich. Nicht nur Größen des DDR-Schlagers stehen hier regelmäßig im glitzernden Rampenlicht, sondern auch trällernde US-amerikanische Kommunisten, die allesamt den Weltfrieden herbeisingen.

Meine Mutter ist aus dem Häuschen. Ihre Wangen glühen und ihre Augen glänzen. Dean Reed betritt die Bühne. Der Schwarm aller DDR-Kittelschürzen und Miniröcke greift in die Seiten seiner Gitarre und singt „Wir sagen ja". Kurze Zeit später versichert Vicky Leandros „Ich hab die Liebe gesehen", und meiner Mutter kullern die Tränen übers Make-up.

Ich kaue an einem Zipfel der Kamelhaardecke, während Moderatorin Helga Hahnemann mit Herz und Schnauze fliegende Clowns ankündigt. Artisten stapeln sich, Komiker witzeln über die Allee der Kosmonauten, Trapezkünstler in Glitzerkostümen springen über unüberwindbare Mauern.
Und dann stockt mir der Atem: Das Fernsehballett der Deutschen Demokratischen Republik schwebt in Form einer nicht enden wollenden Reihe graziler Feuervögel über die Bühne.

Ich weiß bis heute nicht, wie meine Mutter es angestellt hat, irgendwann zwei Revuekarten für diese heißbegehrte Schlagershow zu ergattern.
Jedenfalls sitzen wir eines Tages in der ersten Reihe des Friedrichstadtpalastes. Ich mit Bügelfalten in meinen Kammgarnjeans und lachsfarbenem Nylonhemd. Der marode Saal ist brechend voll und bebt auf seinen 863 Pfahlrosten, die im sumpfigen Schlick der Panke stecken. Das Licht wird gedimmt, Mutter pinselt sich aufgeregt die Lidstriche nach, und ich blicke an die monumentale Stuckdecke.

Schon begrüßt uns Clown Ferdinand im grellen Scheinwerferlicht mit einem dreifachen „Miauwauwau – Wauwaumiau" in der Hauptstadt des Schlagers.
Sekunden später galoppieren tausende Frauenbeine auf die Showbühne und tanzen im Takt von Lichtgewitter und Orchesterdonner.
Ich stecke bewegungsunfähig im Revuesessel und versuche, die Traumsequenz irgendwie zu fassen. Da fliegen nur wenige Zentimeter von mir entfernt mit Netzstrümpfen bekleidete schlanke Beine in den Himmel,

zarte Brüste wippen auf und ab und rote Lippen schwören, dass man sie küssen müsse. Ein warmer Schwall von Parfum umhüllt diese Wesen – und gibt mir den Rest. Das Saallicht flammt auf, Dagmar Frederick kündigt überschwänglich an, ein buntes Showprogramm präsentieren zu wollen. Glücklicherweise blickt Mutter gebannt nach vorne, weil sie an den Lippen von Dagmar klebt, und bemerkt mein Kammgarn-Zelt nicht. Mit einer gekonnten Bewegung zerre ich die Schneejeansjacke über meine Hose.

„Wie soll ich bloß die folgenden zwei Stunden überstehen?", geht es mir durch den Hitzkopf.

Glücklicherweise folgt eine atemberaubende Trapeznummer und gibt mir Zeit, abzukühlen. Bei der Pferdevorführung konzentriere ich mich auf die Vierbeiner und nicht auf die knappbekleideten Schönheiten im Sattel.

„Mit siebzehn hat man noch Träume, da wachsen noch alle Bäume in den Himmel der Liebe …", singt schließlich Peggy March kurz vor Ende der Show, und da wächst auch mein Bäumchen wieder unter der Schneejeansjacke. So kann ich auf keinen Fall gemeinsam mit meiner Mutter den Saal verlassen. Ich gebe ihr zu verstehen, aufs Klo zu müssen, und stolpere in gebückter Haltung zum Seitenausgang. Kühl und grau liegt der Gang im Neonlicht.

Ich lehne mich gegen die Wand und sauge Luft in meine Lunge. Schräg gegenüber sehe ich eine offene Tür. „Seitenbühne" steht in großen Lettern darüber.

„Da wird schon irgendwo ein Klo sein", denke ich und klinke mich durch etliche Türen, bis ich endlich das WC-Zeichen erspähe. Doch leider ist ausgerechnet diese Tür verriegelt.

„Scheiße, verdammte!", stöhne ich und halte mir die feuchte Hose.

„Na, mein Süßer!", lallt verschwörerisch eine Stimme hinter mir.

Ich drehe mich erschrocken um und blicke in die glasigen Augen von Clown Ferdinand. Er nimmt einen kräftigen Schluck aus der Wodkaflasche.

„Mein Kätzchen, hast du dich verlaufen?", haucht er mir zu und legt seinen Arm um mich.

Ich stammle: „Nee, ich such 'n Klo!", und versuche panisch, mich aus den Fangarmen des traurigen Clowns zu befreien.

„Noch eine Sekunde und ich piss mir in die Hose", denke ich.

Da öffnet sich, wie von Zauberhand, die verriegelte Tür und ein Feuervogel tänzelt auf unendlich langen Beinen an uns vorbei über den Flur. Im unsichtbaren Kleid des Kaisers schwebt er ins Nirgendwo.

Kurz vor den Ferien hat Mutter es fertiggebracht, ein Urlaubsquartier für uns zu organisieren. Das Unmögliche hat sie möglich gemacht, und unser Traum von den Weltmeeren wird endlich wahr. Eine Delegation der Leninwerft ist in ihrem Betrieb aufgetaucht – und hat Mutter an Bord genommen.
Die polnische Ostseeküste ruft, uns erwartet ein Zimmer im 18. Stock eines Plattenbaus am Hafen der Hansestadt Gdansk.

Im CAFÉ MOSKAU besiegelt Tadeusz die Reise mit Handschlag und will von einer Gegenleistung nichts wissen. Ein Lächeln huscht über sein sonnengegerbtes Gesicht, als er in gebrochenem Deutsch „Völkerfreundschaft und Solidarität" murmelt. Er hält Mutters zarte Finger in seiner Seemannspranke wie ein kleines Boot, das Schutz im Hafen sucht.

„Umsonst ist nichts", sagt Mutter und schichtet mit mir Naturalien in einen Postmietbehälter.
Acht Salamis, fünf Tüten MOKKA FIX, zehn Flaschen ROTKÄPPCHEN-Sekt und sieben Schachteln HALLOREN KUGELN sollen uns die heißersehnte Seeluft finanzieren.
Zum ersten Mal schicken wir Pakete mit erlesenen DDR-Produkten weiter Richtung Osten.
In den folgenden Tagen flattert Mutter aufgeregt in unserer 2-Raum-Wohnung hin und her. Sie zitiert fremd klingende Sätze aus deutsch-polnischen Wörterbüchern, kocht traditionell östliche Krautgerichte mit merkwürdigen Gewürzen und fragt mich geografische Besonderheiten von Oder, Neiße und Weichsel ab.
„Wir müssen über unser Bruderland Bescheid wissen", sagt sie streng.
Ich zeige stolz auf die FF DABEI, unsere Fernsehzeitschrift.

VIER PANZERSOLDATEN UND EIN HUND sind auf der Titelseite abgebildet. „Ich weiß 'ne Menge über Polen, Mutti! Hab die ganze Serie gesehen."

Sie lacht und küsst meine Stirn.

Zwei Tage vor den Ferien trifft ein Brief vom Deutschen Turn- und Sportbund ein und bringt Mutter aus dem Gleichgewicht. Der DTSB bestellt mich ins Trainingslager am Hölzernen See: ein wichtiger Baustein in meiner sportlichen Laufbahn. Mutter sitzt schmallippig auf meinem Sofarollen-Pferd und blickt auf das Bild „Junges Paar am Strand". Ich weiß, sie hat große Sehnsucht nach den Wellen und dem Strand am Meer und einem Mann, der nicht schlägt …

Aber ich will doch auch ins Trainingslager.

„Ich Hölzerner See, du polnische Ostsee", sage ich mit bedeutungsschwerer Stimme, dabei halte ich zwei Finger in die Luft und drücke sie mir dann indianergleich an die Brust.

Mutter lacht und lässt gleichzeitig die Tränen kullern.

Mit zwei schweren Koffern klettert Mutter in den überfüllten Waggon am Ostbahnhof. Die Diesellok stößt eine stinkende schwarze Wolke aus und zieht den aus allen Nähten platzenden Zug schwerfällig aus dem Bahnhof. Ich stehe mit Monika, einer Freundin von Mutti, auf der nächtlichen Plattform und sehe den immer kleiner werdenden Lichtern nach.

Als ich in einer mir völlig fremden Wohnung meine Reisetasche auf das provisorische Bett stelle, schnürt es mir die Kehle zu. Wie soll ich hier die nächsten sechs Tage bis zur Abfahrt ins Trainingslager überstehen? Noch nicht einmal eine Adresse hat Mutter mir hinterlassen. Keine Telefonnummer, die ich im Postamt in der Kabine für Ferngespräche wählen könnte.

Die Tragweite meiner Entscheidung legt sich bleischwer auf meine Brust. „Sportfrei", stammele ich mit zitternder Unterlippe und ziehe mir die Decke über den Kopf.

Am nächsten Morgen erwache ich mit Schüttelfrost. Monika hat mir nasse Handtücher um meine Waden gewickelt und mir die Tränen getrocknet. Ein Arzt sitzt an meinem Bett:
„Das wird nichts mit dem Trainingslager."
Ich kotze gelben Schleim in einen Plasteeimer. Der Bus muss wohl ohne mich zum Hölzernen See rollen. In der Nacht höre ich die polnische Ostsee rauschen. Meine Hilferufe vermischen sich mit dem Schwappen meterhoher Wellen. Ich sitze in einem winzigen Boot und versuche vergebens, das Ufer zu erreichen. Am Morgen sehe ich wie durch einen Nebelschleier Frank an meinem Bett sitzen.

Er hält meine Hand und liest mir aus einem dicken Buch vor. Er flüstert, MANITU sei groß und die ewigen Jagdgründe noch weit.

Frank überzeugt seinen Vater, die Sommerferien mit mir in Mecklenburg zu verbringen. Er schreibt seiner Großmutter, organisiert Fahrkarten und schleppt mein Gepäck zum Bahnhof.
„Du brauchst mal 'n bisschen frischen Wind um die Nase", sagt er und strahlt mich schelmisch an.
Ich sitze glücklich neben ihm im Zugabteil, denke an Mutter und die Ostseewellen, blicke auf die vorbeifliegenden Kiefernwälder und spüre, wie neues Leben mich durchströmt. Am Abend sitzen wir in der Bodenkammer eines Bauerngehöfts. Franks Großmutter gibt mir zur Begrüßung einen Kuss auf die Stirn und bekreuzigt sich. „Willkommen, mein Junge", sagt sie. Mehr kommt nicht über ihre Lippen. Die gesamten Ferien höre ich kein weiteres Wort von ihr.
„So sind die Fischköppe", winkt Frank meine Frage ab und legt sich neben mich. In der Nacht höre ich seinen gleichmäßigen Atem. Er hat seinen kräftigen Arm um mich gelegt und ich fühle mich wie in den ersten Wochen meines Lebens, sicher und warm.

Der Hahn kräht in der Morgendämmerung. Ein Hund stimmt heiser bellend ein. Frühsommerliche Luft strömt in die Bodenkammer. Zwei Schmetterlinge sitzen am offenen Fenster. Am Fußende meines Bettes liegt Minka, eine getigerte Katze mit weißem Latz. Sie kitzelt meine Beine. Im Hof schlagen Hufe aufs Pflaster.
„Hey ULZANA, die Pferde müssen auf die Weide!", ruft Frank unterm Fenster.
Er hüpft schnaufend auf der Stelle und boxt die morgendliche Luft. Mit einem Satz bin ich aus dem Bett und purzele die Stiege hinunter. Ich halte ängstlich die Führleine und laufe Richtung Tor. Der Kaltblüter stampft langsam über die Steine und die anderen Pferde folgen.

Am Dorfanger biegen wir rechts ab. Der Zuckersand ist noch angenehm kühl an den Fußsohlen. Die Koppel liegt im morgendlichen Dunst.
Wir sehen einen Milan mit Anmut über dem Kiefernwald kreisen.
Gestern hat er sich zwei Legehennen aus dem Freilauf geholt. Die alte Richter hat geschrien und den gefiederten Teufel verflucht.
Unter plattdeutschen Flüchen helfen wir ihr, das brüchige Fischernetz über dem Hühnerauslauf zu flicken.

Der Zug schiebt sich schreiend in den Bahnhof. Die Räder blockieren und sprühen Funken. Eine Ansage schallt durch die Lautsprecher. Sie wird übertönt vom Pfeifen und Zischen der Bremsventile. Die Türen fliegen auf, Menschenmassen nehmen mir die Sicht.
„Dzień dobry", sagt eine braungebrannte Dame und nimmt mich in die Arme.

„Wie war das Trainingslager, mein Großer?" Mutter strahlt mich mit ihren meerblauen Augen an und ich versuche, das Erlebte in Worte zu fassen.

Der spannendste Teil der Schuldisco spielt sich auf dem Jungs-Klo ab. Die Großen drängen uns Richtung Pissrinne.

„Her mit den Kippen!", bellt der Iltis aus der Zehnten und packt Frank am Nacken. Im Hintergrund taucht Bierchen auf, der Essensfahrer mit der Knastträne.

„Da is ja meen Kumpel Nacktarsch", grunzt er und boxt mir in den Magen. Ich stolpere und gehe auf den stinkenden Fliesen zu Boden.

„Glimmstängel raus, sonst fresst ihr Spülsteine!", der Iltis spuckt knapp neben mein Gesicht. Bierchen grinst und öffnet seinen Hosenschlitz. „Gleich jibt's 'ne Ladung Sekt."

Panisch wühle ich in meiner Schneejeansjacke: „Warte, warte, ... hier!" Ich halte die Schachtel JUWEL 72 in die Höhe.

Der Iltis faucht und reißt mir die Schachtel aus der Hand.

„Warum nich gleich, du Schlaffi!"

Mit der Rechten verpasst er Frank eine schallende Ohrfeige.

„Und jetzt ab zu Mutti!", ruft er und stößt Frank zu mir auf die Fliesen.

Bierchens dreckiges Lachen schallt durch die Toilettenanlage. Der Iltis schiebt sich aus der Tür Richtung Flur, da springt Frank dem Stinktier blitzschnell auf den Rücken. Mit einem Urschrei schlägt er seinem Opfer die Vorderkrallen ins Fell. Der Iltis taumelt in den Flur und fällt Cornelia Sonntag vor die Füße.

„Loslassen ...", jammert er.

Frank löst seinen Zangengriff und reißt die Arme hoch. Wie ein Ringer nach dem Suplex steht er vor seinem Gegner. In Windeseile bildet sich eine Traube um die beiden. Ich ramme von außen verzweifelt gegen die undurchdringbare Mauer und schreie nach Frank. Als die Meute sich wieder auflöst, sehe ich ihn am Boden liegen. Seine Nase blutet stark und ein Auge ist zugeschwollen.

„Zum Glück haben wir die Kippen präpariert", nuschelt Frank.

Ich halte sein lächelndes, blutverschmiertes Gesicht in meinen Händen.

„Der scheiß Iltis soll in Flammen stehen!"

Frank und ich versuchen zu lachen, dann zerre ich meinen Helden auf die Beine und wir schleichen zum Eingang der Aula. Eine Lichtorgel flackert im Dunkeln und lässt im Rhythmus der Musik den Schriftzug „Der Friede muss bewaffnet sein" erkennen, goldene Pappbuchstaben, die wir in der AG Zeichnen vor ein paar Wochen gebastelt und mit dem Nilpferd-Hausmeister an die Bühnenwand genagelt haben. Aus den Boxentürmen des Discjockeys Torte Torsten dröhnt „Wozu sind Kriege da", Udo Lindenberg besingt mit Schmollmund den „Atomraketenwald".

Torte hat nicht nur den größten Keller in unserem Wohnhaus, sondern auch die ultimativ größte Plattensammlung im Karree.

Ein paar Tage zuvor hocken Torte, Fischkopp, Frank und ich im Schneidersitz auf Tortes Kinderzimmerfußboden und summen „Riki Masorati", „Elli Pyrelli" und „Daumen im Wind" mit. Auf dem Plattenteller dreht sich die Udo-Scheibe. Das glänzende Cover geht von Hand zu Hand. Ich rieche an der Plattenhülle den betörenden Duft der weiten westlichen Welt.

„Du hast 'ne urst geile Sammlung", raunt Frank und lässt die nächste Platte rumgehen.

„Dafür zahl ick ooch 'nen hohen Preis", sagt Torte.

Torte Torsten hat einen etwas auffälligen Westonkel, der einmal im Monat im Lacklederdress durch unser Treppenhaus gleitet, in jeder Hand eine prall gefüllte Aldi-Tüte. Nicht nur, dass er seine Ostschwester mit Westwaren beglückt. Auch seinem zuckersüßen Neffen liest er jeden Plattenwunsch von den Lippen ab. Was Torte dann mit einer kleinen Gefälligkeit bezahlt. Die Übergabe der Plattengeschenke läuft immer nach dem gleichen Muster ab. Erst gibt es das feierliche Aldi-West-Abendbrot, dann tritt Onkel Heinz ins Kinderzimmer.

Torte Torsten liegt in seinem Bett. Der Plattenteller dreht sich, Onkel Heinz setzt sich auf die Bettkante, fährt mit seiner rechten Hand unter die Federdecke ... „Ich weiß noch, als du da reinkamst, in unsern Rock-'n'-Roll-Club ...", singt Udo.

Torte hält die Luft an. Er spürt die Hand von Onkel Heinz in seiner Schlafanzughose.

Einige Wochen nach unserm Plattenabend gleitet „Lack-Aal" Heinz wieder in unser Haus. Frank und ich stehen an der Treppe. Wir halten die gekrümmten Finger vor unseren Hosenschlitz und machen Wichs-bewegungen. Dazu stöhnen und jaulen wir. Dann rennen wir schrei-end und lachend an Onkel Heinz vorbei auf die Straße.

„Wir müssen die 60/40-Vereinbarung einhalten", raunt Torte Torsten ins Mikro seiner Discjockey-Anlage.

„Das ist 'ne Ansage der FDJ-Gruppenleitung."

Er macht sich am Regler des Mischpultes zu schaffen und blendet den Rausschmeißer ein.

„Sag mir, wo du stehst ...", schallt es aus den Boxen, und die Aula leert sich in Windeseile. Frank und ich beobachten aufgeregt, wie der Iltis und Bierchen den Saal verlassen.

Sie haben Sunny in ihrer Mitte und grabschen an ihr rum. Der Iltis steckt sich eine Zigarette in den Mundwinkel und hält seinen Begleitern die Schachtel JUWEL 72 hin.

„Nur noch eene drin", sagt er enttäuscht.

Bierchen stößt Sunny beiseite und reißt dem Iltis die Schachtel weg.

„Die Schlampe kann ja mal ziehen, he he he", lacht er und popelt die letzte Zigarette aus der Pappe.

„Jetzt!", flüstere ich Frank zu, ohne meinen Blick von der Gruppe zu lösen. In dem Moment zündet Bierchen sein Einwegfeuerzeug und die beiden Armleuchter beugen sich über die Flamme.

Die fein gestampften Streichholzkuppen, die wir dem Tabak beigemischt hatten, entzünden sich zu einem herrlich leuchtenden Silvesterblitz, der in Sekunden die Ponyfrisur von Iltis' Stirn brennt.

Sunny prustet los: „Wow! Geile VOKUHILA!"

Sie schlägt sich auf die Schenkel – und grinst zu uns rüber.

Angefangen hat es mit Iltis und Sunny, die auf einer SIMSON der Marke STAR, zu einer leidenschaftlichen Ganzkörperplastik verschmolzen, durchs Wohngebiet heizen. Die Maschine hört man schon Minuten vor ihrem Eintreffen. Es können zwanzig Mopeds des gleichen Fabrikates an der Eisdiele „Nordpol" vorfahren, und doch hat jede Maschine ihren unverwechselbaren Sound. In den Wintermonaten wird dafür geschraubt, gesägt, gebohrt und geschliffen.

Sunnys Löwenmähne weht im Wind. Der Iltis bremst scharf vor der Clique der Großen, zu der ich noch nicht gehöre. Sunnys Hände stecken tief im vorderen Bund seiner Jeans.

Während ich in der Jugendstunde „Der Sozialismus — deine Welt" sitze, träume ich in einer Geschwindigkeit von 50 km/h von der kleinen Freiheit, von wehendem blonden Haar, von Sunnys Händen in meiner NIETHOSE und dem ultimativen Sound meiner Karre. Frau Schubert, die Leiterin des FDJ-Studienjahres, spricht mit hochrotem Kopf vom revolutionären Erbe des Volkes, von der edlen Sache des Sozialismus, von unserem Kampf für den proletarischen Internationalismus und davon, dass sich jeder Einzelne von uns gegen die Angriffe des imperialistischen Klassenfeindes stellen solle ...

Wenige Tage später ist es soweit. Jugendweihe.
Ich stehe mit Frank auf der Kantinenbühne unserer PATENBRIGADE. Die Schlaghose meines PRÄSENT-20-Anzuges hat scharfgezogene Bügelfalten.
„Das globe ich", bricht es aus mir heraus. In meinen Plateau-Schuhen stolpere ich nach dem Gelöbnis als „erwachsener" Jugendlicher von der Bühne. Bei der anschließenden Feierlichkeit im Schoße der Familie

werde ich offiziell mit FEUERTANZ und STIERBLUT in den Kreis der Erwachsenen aufgenommen. Doch die letzten Geschenke am frühen Nachmittag kann ich auf schwankenden PERLWEIN-Sohlen kaum noch wahrnehmen. Irgendwann, ich habe unser Zeitsystem schon verlassen, komme ich auf der Klo-Umpuschelung wieder zu mir. Die Raumkapsel unserer Badezimmerzelle scheint in heftiger Bewegung, und es ist mir nicht möglich, sicheren Halt unter die Füße zu bekommen. Seen vergorenen STIERBLUTES und Kartoffelsalathaufen umgeben mich und lassen mich schwindelnd durch den Raum gleiten.

Nach einer dreitägigen Kamillentee-Kur, unzähligen Lippenbekenntnissen und Schwüren, dem Teufel Alkohol für immer abzuschwören, kommt langsam wieder Normalität in mein Leben. Der Eintritt ins Erwachsenendasein hat mir zu einer beachtlichen Geldsumme und somit zum Erwerb eines sechzehn Jahre alten Mopeds der SIMSON-Werke verholfen. Ich kann es kaum fassen, sitze jeden Nachmittag mit Glückstränen in den Augen im Kellerverschlag und streichele zärtlich mein feuriges Eisenross. Der Haken an der Sache ist nur, dass mein fünfzehnter Geburtstag noch endlos weit entfernt ist. Denn ich muss auf der Hut sein, der ABV streift durchs Revier.

Der Spätsommer zeigt sich golden. Frank hütet mit einer gefährlichen Virusgrippe das Bett. Ich werde nicht zu ihm vorgelassen. Seine Mutter blockiert die Wohnungstür und wehrt mich ab. Hochansteckend sei die Sache. Ich versuche verzweifelt, Frank übers Kindertelefon zu erreichen, aber in der Leitung rauscht es nur. Also schwebt mein STAR mit mir allein über die Kellerbohle ins Freie, die Jungfernfahrt findet ohne Frank statt.
Ich umrunde gefühlte eintausend Mal unser graues Karree. Runde für Runde fliegen die Häuser und Bäume schneller an mir vorbei.
„Freiheit!", schreie ich in den Septemberhimmel.

Als der Abend dämmert, halte ich an unserem Cliquentreffpunkt, der Eisdiele „Nordpol".

Sunny, das unerreichbare Mädchen aus der Zehnten, kommt auf mich zu. „Gang raus, Schwanz rein", zwinkert sie mir zu und schiebt sich eine CABINET in den Mundwinkel.

„Gib ma Feuer, Neuling!"

Ich hebe schüchtern die leeren Hände, sie zeigt auf ihre Hosentasche. „Dann fahr ma hier rein, Süßa!"

Vorsichtig schiebe ich meine Hand in ihre enge Jeans, die gesamte Clique hat mich im Auge. Aber da ist kein Taschenfutter, sondern nur die glatte Haut ihres Schenkels. Und dann spüre ich das warme haarige Tier zwischen ihren Beinen.

Sie quietscht vor Lachen: „Du hast ja doch Feuer, Alta." Ich zerre meine Hand wieder aus ihrer zweiten Haut. Alle grölen.

Mein Einstieg in die Moped-Clique wird mit einem Wochenendausflug nach Grünau gekürt. Auf unerklärliche Weise sitzt Cornelia Sonntag auf dem Rücksitz meiner Karre und presst zangenartig ihre Schenkel an meine. Ich gebe Gas, und das revolutionäre Erbe des Sozialismus fliegt an uns vorbei.

Eine Schar von SPATZEN, STAREN und SCHWALBEN der SIMSON-Werke Suhl versammelt sich an der Waldbadestelle am Müggelsee. Wir bauen Zelte.

Beim nächtlichen Lagerfeuer sitze ich dem Iltis gegenüber, der mit einer neuen blonden Schönheit verschmilzt und sich offenbar gar nicht mehr für Sunnys Jeanshosentrick interessiert. Als die ersten Regentropfen fallen, ist die Zeltaufteilung schon gelaufen. Für mich ist nur noch ein winziges Plätzchen neben dem Iltis und seiner neuen Flamme frei. Warum auch nicht.

Ich robbe nichtsahnend in den dunklen Schlund des Zwei-Mann-FICH-TELBERG-Zeltes und komme unverhofft auf den weichen Rundungen von Sunny zum Liegen.

„Na dann leg mal los, mein Süßa", säuselt sie mir ins Ohr. Ich zerre an ihrer Jeans und lasse meine in die Kniekehlen rutschen, presse mich auf sie und wage keine zusätzliche Bewegung. Unmittelbar neben meinem linken Ohr beginnt der Iltis mit einem routiniert schnaufenden Nasenwind, gefolgt vom spitzen Fiepen seiner blonden Quietschpuppe.

Beißender Schweißgeruch nimmt mir fast den Atem. Ich versuche krampfhaft, mich auf die beeindruckende Silhouette meiner Verführerin zu konzentrieren. Aber schon nach einem kurzen Ruckeln schrumpfe ich wieder aus Sunny heraus.

Das war's also, wovon die ganze Welt immerzu redete?

Ich höre den Regen auf die Zeltwand pladdern.
Und glaube an die Unendlichkeit der Jugend.

Am hintersten Ende Pankows beginnt Wilhemsruh. Hier endet die sozialistische Welt. Ich knattere auf die Hochsicherheitsschleuse des Werktores „Bergmann Borsig" zu.

Im Umkreis der Fabrik nur Mauern, Stacheldraht und Grenzpolizei.

Frank bremst scharf neben mir, klappt sein Visier hoch und schmunzelt: „Fluchtversuch ausgeschlossen!" Wir parken unsere Mopeds im fahlen Licht der Gaslaternen und gesellen uns zu unseren Klassenkameraden, die schon auf uns warten.

Unter Führung eines Produktionsarbeiters marschiert die Klasse 9 b in die morgendliche Dunkelheit des Werksgeländes.

Frank flüstert: „Ein Lied, Kameraden!"

Wir stimmen an: „Wir sind die Moorsoldaten und ziehen mit dem Spaten ins Moor ..."

Der Führungsmann im blauen Kittel stoppt uns abrupt und doziert mit harter Miene von ernstzunehmender Fabrikarbeit, Planwirtschaft und sozialistischem Pflichtbewusstsein. Unser Motto solle also lauten: „Lernen, Augen auf und wissbegierig dem Produktionsprozess folgen."

Ich blicke auf die umliegenden Wachtürme, dann zu Frank, der grinsend auf ein Banner am Verwaltungsgebäude zeigt.

DER FRIEDE MUSS BEWAFFNET SEIN!

Wir werden einzelnen Brigaden zugeordnet. Ich protestiere. Denn beim Anblick der endlosen Stacheldrahtzäune und Grenzpatrouillen beschleicht mich Angst.

Mein Befehl lautet, mich im Laufschritt in den Bereich 7 zu begeben. Ich durchstreife düstere Werkhallen auf der Suche nach dem Vorarbeiter „Sonnenschein". Über mir bewegen sich Kranbahnen mit Stahlmonstern. Auf rostigen Schienensträngen schieben Arbeiter Eisencontainer hin und her. Dazwischen Bretterbuden, aus denen Rauchwolken steigen. In der vorletzten Halle finde ich meine Brigade, die gerade in einem der Holzverschläge 'ne Fuffzehn macht, das heißt eine kleine Pause mit Wurstbroten und schwarzem Kaffee mit Schuss. Der Schuss, eine Flasche BLAUER WÜRGER, wird schnell wieder im Blechspind verstaut.

„Na Kleena, willste ma kieken, wo de endest, wenn de nich uffpasst inne Schule?", krächzt ein ölverschmierter Arbeiter. Die zerfurchten Männergesichter grinsen unter ihren grauen Helmen und prosten mir zu.

„Hier is unsa Sonnenschein, die bringt Licht ans Ende det Tunnels."

Zwischen den Arbeiterhelmen taucht eine Frauengestalt auf, unter den Blaumännern kaum auszumachen.

„Los, greif dir de Karre da, und mach flinke Beene!", blafft sie und beginnt mit mir durch die Werkhalle zu rennen.

Vor einem der Stahltore bleiben wir stehen, sie zeigt auf eine mannshohe Kabeltrommel mit armdickem schwarzem Kabel:

„Dit wird jetze schön in Stücke jesägt und dann da in die Container rin."

Ich halte eine kleine Eisensäge in der Faust und blicke in den Novemberhimmel. Nach einem kläglichen Versuch, die zähe schwarze Kabelschlange zu zerstückeln, beschließe ich, meine Produktionsarbeit später fortzusetzen und lieber das Werksgelände zu erkunden und Frank zu suchen.

Das streng bewachte Werk ähnelt einer Festung. Die Verbindungswege zwischen den Gebäuden sind mit Kopfsteinen gepflastert. Die Spuren der tonnenschweren Lastkraftwagen ziehen sich übers Gelände. In den Pfützen vibriert rostiger Schlamm. Überall zischt und dröhnt es.

Die Werkssirene heult zur Mittagspause. Arbeiter strömen aus den Hallen. Ihr Atem färbt die Novemberluft gelb. Wie aufgezogen marschieren sie über die rauen Pflastersteine. Ich reihe mich ein und stampfe mit. Wir drängen in einen Saal, der Platz für zweitausend hungrige Wölfe bietet. Schlangen bilden sich vor den Tresen. Bockwürste dampfen in rissigen Bärenpranken. Gierig kratzt das Alubesteck in den Plasteschüsseln.

Ich balanciere ein paar Wiener auf einer Pappe und erblicke Frank.

Er winkt mir mit einer BROILERKEULE zu. Ich schwimme im Strom der Werktätigen in seine Richtung, er steht unmittelbar vor dem monumentalen Wandfries: „Wir bauen den Sozialismus."

Der Zigarettennebel beißt in meinen Augen und nimmt mir die Sicht. Frank ist verschwunden.

Dafür taucht plötzlich Micha Kobelinski auf und greift sich eine Wurst von meiner Pappe. Seit seinem phänomenalen Auftritt beim Fahnenappell in der Schule habe ich ihn nicht mehr gesehen. Er ist wegen Rowdytums verurteilt worden und schraubt jetzt auf Bewährung Rasierapparate zusammen.

„N-N-Na Alta, ick dreh hier 'n janz jroßet D-D-Ding. B-B-Biste dabei?" Kobelinski grinst und stopft sich den Rest meiner Wurstmahlzeit in den Mund.

„Was für'n Ding?", frage ich mit halboffenem Mund.

Er durchbohrt mich mit seinem irren Blick.

„R-R-Revolution, vastehste? D-D-Die Mauer is hier janz d-d-dünn!"

„Wie meinst'n das?"

Kobelinski stößt mich beiseite.

„M-M-Mann, die streun uns d-d-doch übaall Sand inne Oogen, kapierste d-d-dit nich? T-T-Träum weita!", ruft er noch und verschwindet in der Menge.

Ich betrachte den Klecks Mostrich auf meinem leeren Würstchenteller und versuche, mir den Revolutionsführer Kobelinski vorzustellen, der am hintersten Ende Pankows in blinder Wut gegen einen Sandsturm kämpft.

Kurz vor Feierabend stehe ich wieder am Bretterverschlag.

Auf die Frage: „Wie viele Kabelstücke?", zeige ich zwei volle Hände.

Brigadistin Sonnenschein trägt eine 1 in meinen Laufzettel ein.

Die „Einführung in die sozialistische Produktion" soll mich noch ein halbes Schuljahr beschäftigen, bis die alte Kabeltrommel zerlegt ist. Danach werde ich mit Frank zum Schraubensortieren abkommandiert.

Wir hocken in einem kalten Kellerkabuff. Mit einem schmalen Holzstück fischen wir Maschinenschrauben aus verbeulten Blechtonnen. Die Schrauben stinken und triefen, ihre Köpfe sind flach, rund, eckig oder geschlitzt.

„Die schlechten ins Töpfchen, die guten haben Köpfchen", schnauft Frank lachend und zeigt aufs Kellerfenster. Durch die ölverschmierte Scheibe erkenne ich das Verwaltungsgebäude. Der Spruch auf dem Schild am Zaun ist leicht abgeändert worden: EL FRIEDE MUSS BE- WAFFNET SEIN! „Das ist ein Zeichen vom Revolutionsführer Kobelin- ski!", rufe ich. Wir lachen und schaufeln Berge rostiger Schrauben in die Sortierkisten. „Mehr!", ruft Frank. „Wir brauchen mehr! Wir steigern die Arbeitsproduktivität!"

Als Erstes müsst ihr jetzt mal Nachschub holen!", dröhnt uns Torte Torsten entgegen, als er die Wohnungstür aufstößt.

Die Moped-Clique hockt auf den Karo-Teppichfliesen im Flur hinter ihm und drischt im Takt zu „We will rock you" auf den Fußboden ein.

Torte drückt Frank einen verrosteten Emaille-Eimer in die Hand.

„Halbvoll machen bei Kalle inne Knastbar."

Ich schaue fragend in den Eimer.

„Na los, macht schon, sonst wird der Nudelsalat noch warm."

Torte grinst uns an und donnert die Wohnungstür wieder zu.

Die Knastbar heißt eigentlich „Gerichtsklause" und befindet sich einen Steinwurf von unserem Haus entfernt, direkt am Fuß des angstein-flößenden Stadtgerichts Pankow.

Das dreiflügelige Gebäude im grauen Barockgewand verfügt über einen direkten Zugang zum Gefängnistrakt der STAATSSICHERHEIT. Genauso unheimlich wie dieser dominante Gebäudekomplex erscheint mir die Höhle der „Gerichtsklause", in der die Unterwelt Pankows verkehrt.

Bis jetzt kennen Frank und ich diese Einrichtung nur vom Hörensagen.

„Na, da is ja meen Kumpel Nacktarsch!", grölt eine mir allzu bekannte Stimme. Wir stehen im Zigarettennebel am Tresen und Bierchen boxt mir in die Seite. Frank schwenkt den Eimer gefährlich dicht an Bier-chens Kopf vorbei.

„Ey, bleib locker, Keule!"

Bierchen hält die tätowierten Fäuste vors Gesicht.

„Vollmachen, bitte!", sagt Frank und stellt, ohne Bierchen aus dem Auge zu lassen, den rostigen Blecheimer schwungvoll aufs schaumige Gitter neben die Zapfhähne.

Der Tresenmann knallt zwei Glashumpen aufs Blech und brüllt: „Nimm den Scheißeima von de Plattform, sonst jibts ′n Satz warme Ohrn."

Bierchen lacht lauthals und nimmt mich in den Schwitzkasten.

„Lass ma Kalle, die Jungs sind in Ordnung."

Wir schütten den Inhalt der Halbliterkrüge, die der Tresenmann uns reicht, in den Eimer.

Als Frank einen Zehnmarkschein aus seiner Hosentasche pult, boxt mir Bierchen erneut in die Seite.

„Lass de Kohle steckn, dit jeht uffs Haus."

Er reicht uns zwei volle Gläser Bier.

„Und die wern jetze wechjeext, Jenossen!"

Ich greife zögernd mein Bier und schaue Frank an. Aus der Nummer kommen wir nicht mehr raus, sagt mir sein Blick.

Beim Ansetzen des Bierglases erkenne ich im hinteren Teil der Spelunke meinen Stiefvater. Ich bin ihm seit Jahren nicht mehr begegnet. Abgemagert und in sich zusammengesunken sitzt er vor einer Batterie Schnapsgläser. Sein knochiges Gesicht verzieht sich, als er zitternd den Fusel in sich hineinkippt.

Wie ich ihn so dasitzen sehe, beginnt sich alles zu drehen, die Bilder rauschen vor meinem inneren Auge vorbei. Mutter reicht die Scheidung ein, seine Gewaltausbrüche werden fieser, die Schläge härter und ihre Krankenhausaufenthalte länger. Windige Saufkumpane schleppen unsere Wohnzimmermöbel weg, den Fernseher, den Kühlschrank. Die neun Jahre alte TRABBI-Anmeldung verschwindet genauso wie Tantis Sparbuch und die Goldzähne meines Großvaters.

Mutter und ich sitzen im Trümmerfeld unserer Wohnung und warten monatelang auf eine Entscheidung des Gerichts.

Obwohl sich die Protokolle der Notärzte in den Anwaltsakten stapeln, Berichte über Hämatome, Quetschungen, Blutergüsse, Platzwunden und Prellungen, bringt das keine Beschleunigung des Verfahrens. Ich liege nachts auf einer alten Matratze und schrecke bei jedem Geräusch in

unserer leergefegten Wohnung hoch. Wir zittern bis zum Tag der Urteils-
verkündung. Das Ungeheuer sträubt und wehrt sich und verwüstet
unsere Höhle. Aber dann ist es auf einmal vorbei. Das wilde Tier ist
verschwunden.

Frank gibt mir ein Zeichen. Ich wische den Bierschaum vom Mund und
nehme die Kneipenatmosphäre wie durch eine Wolke wahr. Entschlos-
sen stolpere ich auf das knochige Männlein zu und will ihm ins Gesicht
schlagen.
„Lass ihn!", pfeift Frank mich Richtung Ausgang zurück.
„Der ist doch total fertig, der Typ."

Mit weichen Knien und schwappendem Biereimer torkeln wir die Treppe
zu Tortes Geburtstagsfete hoch.

„Da kommt ja endlich Nachschub!", lallt ein nackter Typ und hängt seinen Kopf in den Eimer. Torte rennt aufgeregt mit einzelnen Teppichfliesen ins Badezimmer, die mit Kotze dekoriert sind. Aus dem Wohnungsflur dröhnt „Highway to hell".

Zwei Mädels suhlen sich kichernd auf dem Boden. Cornelia Sonntag greift Frank in den Schritt und leckt sein Gesicht.

„Hier, halt mal!", stöhnt Frank und reicht mir eine CLUB COLA-Flasche. Die beiden verschwinden in Tortes Kinderzimmer. „Na dann, komm gut in den Sonntag!", rufe ich und nehme einen kräftigen Schluck, in der Hoffnung, dass sich der Nebel vor meinen Augen lichte. Aber was ich in mich hineinkippe, besteht zum größten Teil aus Wodka. Es brennt im Hals. Ich stolpere in die Küche, vorbei am Elternschlafzimmer mit Tortes handgemaltem Schild „TABU". Die Tür steht einen Spalt offen, ich sehe rhythmisch zappelnde Beine und höre das spitze Fiepen von Norberts Quietschpuppe. Gierig schlinge ich einige Löffel Nudelsalat in mich rein. Aber die Welt dreht sich einfach zu schnell. Ein Jeansarsch tanzt vor meinen Augen.

„Ich hör schon die Glocken läuten", säuselt Fischkopp in mein Ohr.

„Hells bells" brüllt von irgendwoher Bon Scott.

Ich würge Säuerliches in den Ausguss. Mein Hinterkopf wird von einem eiskalten Wasserstrahl getroffen und ich versuche verzweifelt, die Spirellireste mit dem Zeigefinger durch die viel zu kleinen Abflusslöcher zu stochern.

Frank ist da und hält mich in seinem Arm.
Er fasst mich sicher. Er hält mich warm.

Vor den letzten Sommerferien verfinstert sich meine Pankower Welt. Frank ist nicht mehr da.

Ich greife neben mir ins Leere. Der Platz ist verwaist.

Kein Wort fällt über ihn.

Niemand weiß etwas.

Ich stopfe mein Abschlusszeugnis in die Tasche, will weg, und zwar möglichst weit. Fischkopp stellt sich mir in den Weg. „Alter, was is jetzt mit dem Ferienjob?"

Ich schiebe ihn beiseite. „Ohne mich."

„Die Kohle können wir gut für unsere Ostseetour gebrauchen", sagt er. Eigentlich hat er recht, das Geld brauche ich dringend, um diesem klein-karierten Stadtteil zu entfliehen.

Also schließe ich mich mit ihm einem Räumkommando in der Schule an.

Die Truppe wartet im Foyer vor der Hausmeisterwohnung auf die An-weisungen. Als sich der angsteinflößende Fleischberg Rolle durch die kleine Papptür seiner Wohnung zwängt, wird es mucksmäuschenstill.

Sein Nilpferdgesicht mit den rot unterlaufenen Augen ist von tiefer Traurigkeit gezeichnet. Seit Franks Verschwinden hat er sich in seine Höhle zurückgezogen.

„Du da!", sagt er tonlos und zeigt mit seiner Pranke auf mich. „Herkom-men!" Ich zucke zusammen. Dann mache ich einen Schritt auf den Preisboxer zu. Die anderen weichen zurück. Rolle packt mich an den Schultern und blickt mir tief in die Augen. So nah war ich seinem Nil-pferdgesicht noch nie.

„Du hast was verloren, mein Junge, stimmt's?"

Augenblicklich bildet sich ein Kloß in meinem Hals, der von Sekunde zu Sekunde größer wird.

„Aber du bist jung, und du bist stark, und nun mach deine Arbeit!"

Er drückt mich kurz an seine bullige Brust. Sein Nylonkittel riecht nach Bier und Schweiß. Ich könnte heulen, bin aber wie ausgetrocknet.

Rolle drückt mir den Generalschlüssel in die Hand und wankt über den Schulhof Richtung „Deutsche Eiche", einer rauchigen Gardinen-Kneipe, unmittelbar neben unserer sozialistischen Kaderschmiede.

„Wenn das Bier gut fließt, haben wir bis zum Feierabend freie Hand", sagt Fischkopp und steigt mit mir die Granitstufen des Schulgebäudes hoch. Ein Großteil unserer Truppe verabschiedet sich in verschiedene Richtungen, Fischkopp und ich bleiben.

Wir haben zwei Wochen Ferienarbeit vor uns. Unser Job ist es, das Biologiekabinett aufzuräumen. Also wühlen wir uns durch etliche Kisten trockener und feuchter Präparate.

Urplötzlich taucht Elfriede Kitt, unsere Direktorin, zwischen Baummarder und Schleiereule auf.

„Wo sind die anderen?", faucht sie.

„Könnt ihr nicht schnell mal zum Konsum rüber laufen, ein Päckchen Kaffee holen?" Wir nicken wie die Wackeldackel.

„Danach meldet ihr euch unverzüglich im Direktionszimmer!"

„Jawoll, Jenossin Kitt!", ruft Fischkopp und salutiert.

Im Konsum riecht es faulig. Schillernde Schmeißfliegen surren durch den OGS-Bereich. Aus einem Kartoffelgitter tropft braune Flüssigkeit.

Die dicke Frau an der Kasse hämmert drei Mark fünfzig in die Tastatur und dreht die Kurbel, bis das schwere Geldfach aufspringt.

Im Ausgangsbereich schüttet Fischkopp die Bohnen der Marke RONDO in eine Monsterapparatur und klemmt die Kaffeetüte unten an der Maschine fest. Bevor er den Schalter umlegt, werfe ich einen Hirschkäfer, ein stattliches Trockenpräparat, zu den Bohnen in den Schlund.

„Rache ist süß, Chitinpanzer bitter", sage ich leise – und muss an Frank denken.

Das Mahlwerk schnurpst, als es den Panzer zermalmt. Mit unserer feinen Melange treten wir ins Sekretariat. Doch die alte Schröder, der Wachhund unserer Direktorin, lässt uns nicht zu Elfriede vor.

„Kaffee her und weiter arbeiten!", bellt sie.

Am Abend sitzen wir auf der verlassenen Schulhaustreppe.

Der Hof, eine Staubwüste, liegt still im Dämmerlicht. Am Fuß der Treppe stehen zwei glänzende Eisenrösser der Baureihe STAR. Hausmeister Rolle hat offenbar Wurzeln in der „Deutschen Eiche" geschlagen.

„Was hältst du von einem Rennen der Sterne?", fragt Fischkopp und schielt auf sein Moped.

„Nee!", sage ich, „keen Bock."

Fischkopp schaut mich fragend an.

„Komm schon, eine Gedenkrunde für Frank? Das sind wir ihm schuldig." Ich atme kurz ein.

„Hör auf mit der Scheiße!", stoße ich aus.

Aber mein kläglicher Schrei bricht kaum die Stille des Schulhofs und verschwindet jämmerlich in der Raucherecke.

Fischkopp zerrt mich hoch.

„Komm", sagt er, „das verdammte Leben geht weiter."

Wir schleppen unsere Mopeds in den ersten Stock der Schule. Als wir unsere Kickstarter treten, hallt der Sound der Auspuffanlagen ohrenbetäubend durch die Flure. Die Reifen quietschen auf dem Linoleum. Fischkopp fährt grölend durch die Schwingtür zum Seitenflügel. Die Gänge liegen im dichten Nebel. Mit krachendem Motor folge ich ihm. Kurz vor dem Treppenabgang trete ich in die Eisen, doch die Spiegelfläche des Bodens lässt meinen STAR schleudern. Ich fliege zweiundzwanzig Granitstufen abwärts. Und lande in der „Traditionsecke" des Schulfoyers.

Zwischen roten Fahnen liegend blicke ich noch etwas benommen auf einen Schriftzug an der Wand:

„Menschen, ich hatte euch lieb, seid wachsam!"

Zwischen S-Bahnhof Pankow und Schönhauser Allee liegt die Schnittstelle zu meinem neuen Leben. Es ist nicht nur die längste Fahrstrecke der Linie, sondern sie verläuft auch quer durch das Grenzgebiet des Kalten Krieges.

Eine Frau mit Königspudel nickt mir lächelnd zu, als sich die S-Bahn in Bewegung setzt und schlingernd aus dem Bahnhof Pankow rollt. Ein metallisches Geräusch schlägt durchs Abteil. Die Türen werden für den Streckenabschnitt automatisch verriegelt. Der Pudel jault und verkriecht sich unter der Bank. Die Bahn biegt in die ULBRICHTKURVE, den breitesten TODESSTREIFEN der Grenzanlage.

So weit das Auge reicht: Zäune, Stacheldraht, Wachtürme.

Dahinter unüberwindbare Mauern. Und ich, in einem versiegelten Zug, mittendrin. Es ist ein kurzes Eintauchen in die verbotene Zone, in diesen Streifen Niemandsland – nackt und brutal.

Die Bahn nimmt Fahrt auf. Eine unwirkliche Landschaft fliegt vorbei.

„Solche Bilder gehören nicht in den freundlichen Alltag des Sozialismus", verkündet unsere Direktorin und lässt meine Zeichnungen in der GALERIE DER FREUNDSCHAFT abhängen.

Der Kunsterzieher hatte sie im Flur direkt vorm Sekretariat platziert.

Ich kratze mit schwarzer Ausziehtusche auf vergilbtem Papier, verdünne meine grauen Stadtlandschaften mit Wasser und Pinsel.

Es sind menschenleere Szenen, dunkle Häuserwände hinter Mauern. Das Thema habe ich nicht bewusst gewählt, eher aus meinem Unvermögen, Menschen zu zeichnen.

Kurze Zeit später werde ich von unserer Direktorin zur „Klärung eines Sachverhaltes" ins Sekretariat kommandiert. Dieses Mal geht es nicht um meine Zeichenkünste. Es geht um Grenzverletzung.

Eine Abordnung des Wachregimentes FELIKS DZIERZYNSKI klärt mich über die Bestimmung des sozialistischen Schutzwalls auf.

„Wollen Sie unserer Heimat dienen und den Frieden schützen?", fragt die Direktorin mit butterweicher Stimme.

„Ja, ich sammle Altstoffe für die Befreiung von Louis Corvalán", sage ich trotzig. „Venceremos!"

Ein Offizier schlägt mit der flachen Hand auf den Tisch.

„Waren Sie letzte Nacht an dem Grenzabschnitt Schulzestraße/Ecke Wollankstraße?"

Ich zucke zusammen.

„Sie wurden im Grenzgebiet gesehen! Verfügen Sie über einen Passierschein?", schreit der mit Orden dekorierte Mann.

„Frank Schmidt hat eine Aussage gemacht! Da staunen Sie, was?"

„Das ..., das kann nicht sein ...", platzt es aus mir heraus.

Der Offizier funkelt mich an.

„Was wissen Sie? Ich rate Ihnen, sagen Sie es!"

Ich sitze schwitzend vor der Agitationsgruppe. Die Schüsse hallen noch in meinen Ohren.

Diese verdammten Mörder reden vom Frieden und dreschen auf alles ein, was Freiheit ruft.

„Ich weiß nichts", sage ich. Und schweige.

Der Offizier schreitet im Zimmer auf und ab. Seine Stiefelabsätze knallen im Takt seiner Schritte. Klack, klack. Und dann sind auf einmal die Bilder der letzten Nacht wieder da.

„Wir bringen das herbe Zeug zum Glühen!" posaunt Fischkopp und kippt das STIERBLUT in einen Blechtopf.

„Hau anständig Zucker rein!", ruft Frank. Wir stehen bei Fischkopp in der Küche am Gasherd. „Bald nun ist Weihnachtszeit ... Für Frieden und Sozialismus, seid bereit!", singe ich und rühre den Sud.

Fischkopp und Frank grölen: „Immer breit!"

Das heiße STIERBLUT schießt durch die Venen und wärmt uns Winterkinder.

Auf dem Bahnsteig Wollankstraße, einen Steinwurf entfernt, stehen Menschen wie wir, und doch sind sie für uns unerreichbar. Diese Tatsache nagt an jenem grauen Dezemberabend wie immer an uns. Wir glotzen wie damals durch das vergitterte Küchenfenster und prosten der Westbevölkerung zu.

Eigentlich dürfen wir Fischkopp seit der feierlichen JUGENDWEIHE nicht mehr besuchen. Die „Sackgasse Grenzgebiet" macht ihn von nun an zum Außerirdischen, aber wir schleichen uns immer wieder ohne Passierschein am Wachposten vorbei in die verbotene Zone.

„Erinnert ihr euch noch an unseren kopflosen Spielzeugsoldaten?", lalle ich mit schwerer Zunge.

„Du meinst den mit der scharfen Braut im Schilf?", Frank verdreht die Augen und schwingt seine Hüften. „Mit soo einem Arsch!"
Fischkopp schreit: „Schnauze Mann, verdammt! Ihr habt ja gar keine Ahnung. Ich glotze hier jeden Tag durchs Gitter. Wisst ihr, wie beschissen das ist?"

Auf dem Heimweg torkeln Frank und ich wortlos an der endlosen Grenzmauer entlang. Bis Frank plötzlich die Idee mit der Räuberleiter hat.

„Los, mach schon, lass deinen alten Kameraden in die weite Welt schauen!"
Ich stütze mich gegen die Mauer. Frank steht taumelnd auf meinen Schultern, dann klettert er auf die Mauerkrone.
„E L F R I E D E M U S S B E W A F F N E T S E I N !", brüllen wir.
Wie von Sinnen. Dann fallen Schüsse.

Wir rennen los wie besessen. Durch die Straßen, durch die Nacht. Nur weg, weg von den Schüssen, weg von der Mauer, weg von dem Stacheldraht. Weg von der Gewissheit, dass das unser Leben ist. Weg von der Angst, das Endgültige zu begreifen.

„Und, ist Ihnen nun endlich etwas eingefallen!", bellt der Uniformmann. „Ich höre!"
Sein Gesicht ist dicht vor mir. Er blickt mich durchdringend an.
Ich darf jetzt nicht heulen, muss die Zähne zusammenbeißen, mir nichts anmerken lassen.
„Nein!", sage ich und schüttele den Kopf.
Fürs Erste bin ich entlassen und darf das Direktionszimmer verlassen.

Doch Frank bleibt verschwunden. In der Schule heißt es, er säße wegen Rowdytums im JUGENDWERKHOF.

Doch ich spüre, es ist etwas anderes. Etwas ist in mir gestorben.

Das erbarmungslose Leben hat ein Stück aus mir herausgerissen, unwiederbringlich, und eine nicht heilende Wunde hinterlassen. Ich heule hemmungslos, schreie und bettle an der verlassenen Wohnungstür, Frank möge wiederkommen. Doch er hat mich verlassen. Seine Eltern ziehen in eine andere Stadt. Ihr Namensschild wird gegen ein anderes ausgetauscht. Die Nabelschnur unseres Spielzeugtelefons, die noch immer an der Hoffassade zwischen seinem und meinem Kinderzimmerfenster baumelt, wird zerschnitten.

Der Zug nähert sich dem S-Bahnhof Schönhauser Allee und die Türen entriegeln sich krachend.

Die Frau streicht durch das gelockte Fell ihres Königspudels.

Der Mauerstreifen verschwindet, nackte Häusergiebel und Brandwände zeigen sich. Ein Aufatmen geht durchs Volk der Arbeiter und Werktätigen. Die Leute strömen auf den Bahnsteig.

Ich bin angekommen in einer neuen Welt. Habe die Grenze zwischen Kindheit und Jugend überschritten. Pankow liegt weit hinter mir. Vor meinen Jesuslatschen der Prenzlauer Berg – bereit, erobert zu werden.

Der illegale Grenzübertritt wird unweit unseres VÖLKERBALL-Spielplatzes registriert. Die STAATSSICHERHEIT versiegelt die Akten. Offizielle Meldungen über dieses Ereignis gibt es bis November 1989 nicht.

Nach dem Mauerfall brauche ich viele Anläufe, um an den Ort des Geschehens zurückzukehren. Erst Jahre später gehe ich als freier Mensch durch die Wollankstraße unter der S-Bahn-Brücke hindurch. Stehe auf dem Bahnsteig und blicke auf das Haus mit dem vergitterten Küchenfenster. Die Brandmauern mit ihren geschundenen Fassaden erzählen noch immer Geschichten des Kalten Krieges. Ich sehe unsere Kindergesichter mit leuchtenden Augen, in ihnen eine unbändige Sehnsucht nach Abenteuern.

> Der Schmerz zerrt in meiner Brust.
> Franks Bild ist allgegenwärtig.
> Ein Brandzeichen.
> Es frisst sich ins Fleisch.
> Jeden Tag und jede Nacht.

Noch immer höre ich die Schüsse.
Ein grausiger Film läuft ab, dieses Mal aus einer anderen Perspektive.
Frank liegt im TODESSTREIFEN. Zwei Projektile stecken in seinem Oberschenkel. Ein drittes hat seine Bauchwand durchschlagen. Der Grenzsoldat meldet per Funk den illegalen Grenzübertritt. Der Schütze steigt zitternd in den TRABBI-Kübel und fährt zum Wachposten.
Frank liegt apathisch, wie ein angeschossenes Tier, im Niemandsland.

Der Schneematsch färbt sich rot. Die Bauchwunde blutet stark.

Nach fünfunddreißig Minuten fährt ein NVA-Sanitätsfahrzeug durch den TODESSTREIFEN. Der bewusstlose Grenzverletzer wird auf eine Trage gehoben. Auf dem Weg ins Haftkrankenhaus stirbt er.

Sein gesundes Herz hatte zu viel Blut aus der Bauchwunde gepumpt.

Sein Körper wird wenige Tage später von der STAATSSICHERHEIT mit der Verschlussnummer XII/6 nach Leipzig überführt und im Krematorium des Südfriedhofes eingeäschert.

Wo die Asche verstreut wurde, geht aus der Akte des Ministeriums für Staatssicherheit nicht hervor.

Bei Mutters Wohnungsauflösung stoße ich auf etwas Unglaubliches:

Unter einem Stapel Kinderfotografien liegt das BUCH DER FAMILIE. Zum ersten Mal sehe ich die Sterbeurkunde meines Zwillingsbruders. Mutter hatte sie mir nie gezeigt, und jetzt begreife ich auch, warum. Auf der Urkunde lese ich seinen Namen: FRANK.

Mein ABC der DDR

ABV

ABV steht für „Abschnittsbevollmächtigter" der Volkspolizei. Im Abschnitt seines Stadtbezirkes kannte und fürchtete ihn jeder Anwohner. Er war das Bindeglied zwischen Volk und Staatsapparat. Der ABV kontrollierte Personalausweise und Fahrzeuge, verteilte Mängelscheine, kassierte Führerscheine, durchstöberte HAUSBÜCHER, auf der Suche nach nichtangemeldeten Gästen, und schrieb Protokolle über die Bewohner seines Kiezes, die er der Stasi präsentierte.

Blauer Würger

Der Blaue Würger der Marke „Kristall Wodka", der seinen Spitznamen dem blauen Etikett und dem Halskratzen beim Trinken verdankte, wurde im Betrieb des VEB SCHILKIN Berlin hergestellt. Pur oder gemischt wurde der Fusel in großen Mengen konsumiert und führte garantiert zu einem dicken Schädel am nächsten Tag.

Café Moskau

Das Café Moskau wurde 1964 in der Karl-Marx-Allee als Nationalitätenrestaurant eröffnet. In der heiß begehrten Einrichtung konnte man russische Gerichte genießen, einen Mokka an der Bar trinken, sich im Tanzcafé vergnügen oder in der Nachtbar Kontakte knüpfen. Das Café Moskau war aber auch ein beliebter Treffpunkt für Schwarzmarktgeschäfte und Spionageaktivitäten.

Dreiecksbadehose

Die Bade- und Schwimmhose für Herren in Dreiecks-
form wurde ab den 60er-Jahren im VEB Konfektion
Großröhrsdorf gefertigt. Sie war aus Baumwolle und
ihre Farben variierten von Schwarz, Blau bis Grün.
Der Bund und die Beinränder waren umlaufend mit
weißen Baumwollbändern geschmückt. Verschlossen
wurde die Hose seitlich mit zwei Knöpfen und einem
Schnürband.

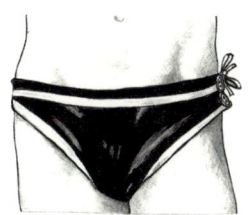

Ein Kessel Buntes

Ein Kessel Buntes war die ultimative Sonnabend-
abendshow des Fernsehens der DDR, die ab 1972 produziert und ausgestrahlt wurde. Der Kessel avancierte
in kürzester Zeit zum Straßenfeger, da in der Show
nicht nur Ost-Musikstars sondern auch bekannte
Schlagergrößen des Westens auftraten. Hauptspiel-
stätte war der alte Friedrichstadtpalast in Berlin Mitte.

FDJ

Die Freie Deutsche Jugend (FDJ) war die einzige
staatlich anerkannte und geförderte Jugendorganisa-
tion in der DDR. Sie war eine Massenorganisation und
fungierte neben der Schule als paralleles Erziehungs-
system. Die FDJ betrachtete es als ihre Hauptaufgabe,
die Sozialistische Einheitspartei Deutschlands dabei
zu unterstützen, standhafte Kämpfer für die Errich-
tung der kommunistischen Gesellschaft zu erziehen,
die im Geiste des Marxismus-Leninismus handelten.

Galerie der Freundschaft

Ausgewählte Schülerzeichnungen wurden in Schul-, Kreis- und Bezirksausstellungen in der „Galerie der Freundschaft" präsentiert und ausgezeichnet.

Die kleinen Kunstwerke erzählten von Freundschaften mit Kindern aus sozialistischen Bruderländern, von der Solidarität unter Patrioten aus aller Welt, von der Arbeit der Eltern, vom sozialistischen Aufbau, aber auch von der Freude am Sport, Wandern und Musizieren.

HO

Die Handelsorganisation (HO) war ein volkseigenes Einzelhandelsunternehmen der DDR.

Zur HO gehörten: Industriewaren, Lebensmittel, Gaststätten, Warenhäuser und Hotels.

Eine Besonderheit stellten die Delikatläden, im Volksmund DELI bzw. FRESS-EX genannt, dar. Das Sortiment bestand hauptsächlich aus Genussmitteln einheimischer Produktionen in Westaufmachung, die zum Teil unterm Ladentisch verkauft wurden.

Ikarus

Ikarus ist ein ungarischer Hersteller von Omni- und Oberleitungsbussen. Er war in den 80er-Jahren der größte Bushersteller der Welt. In der DDR rollten verschiedene Modelle der Baureihe übers Pflaster.

Es gab den Überlandbus „Ikarus 66" mit Wirbelkammer-Dieselmotor, den Gelenkbus „Schlenki 180" mit Faltenbalg oder den Trolleybus „Ikarus 280 T" mit Stromabnehmern für die Oberleitung.

Jugendweihe

Die Jugendweihe war der sozialistische Gegenent-
wurf zur Firmung und Konfirmation. Ab 1958 wurde die Jugendweihe als Zwangsveranstaltung in der
DDR eingeführt. Zum Festakt überreichten Pioniere
Blumen, und Parteifunktionäre warnten vor der imperialistischen Bedrohung und forderten die Jugend-
lichen zum Gelöbnis auf:

„Seid ihr bereit, als wahre Patrioten die feste Freundschaft mit der Sowjetunion weiter zu vertiefen, ...
den Frieden zu schützen und den Sozialismus gegen
jeden imperialistischen Angriff zu verteidigen, so
antwortet: Ja, das geloben wir!"

Danach floss der Alkohol in Strömen.

Ja, das geloben wir!

Kalaschnikow

Die genaue Bezeichnung lautet AK 47,
Awtomat Kalaschnikowa obrasza (= Typ) 47. Die Maschinenpistole wurde 1947 von Michael Timofeje-
witsch Kalaschnikow entwickelt. Es wurden über 80
Millionen dieser Modelle hergestellt und in 60 Staaten
exportiert. Auch die Nationale Volksarmee der DDR
wurde mit diesen Waffen ausgestattet, selbst die Handelsorganisation „Spielwaren" bot den Kindern eine
originalgetreue Nachbildung in Plastik zum Kauf an.

Lenin

Wladimir Iljitsch Lenin (eigentlich Uljanow) war ein
russischer Revolutionär, marxistischer Theoretiker,
Vorsitzender der kommunistischen Partei Russlands
und Begründer der Sowjetunion.

Nach Lenins Tod wurden seine erweiterten Theorien
des Marxismus zum ideologischen Fundament des
Marxismus-Leninismus.

Magazin

Die Zeitschrift DAS MAGAZIN, begehrtes Sammel-objekt, erschien seit 1954 monatlich im DDR-Verlag „Neues Leben".

Der Inhalt zeichnete mit einem Augenzwinkern die Kultur und Lebensart der Ostdeutschen nach. Beson-ders beliebt war die Zeitschrift wegen der erotischen Geschichten und ganzseitigen Aktfotografien. Die Auflage erreichte eine monatliche Höhe von 560 000 Exemplaren.

NVA Spielzeugsoldat

Seit den Siebzigerjahren wurden im VEB Spielzeug-land Mengersgereuth-Hämmern, Werk Effelder, NVA Spielzeugsoldaten aus Kunststoff für die Kinder-zimmer der DDR hergestellt. 21 Grundfiguren, be-waffnet mit Kalaschnikow, Maschinengewehren, Panzerfäusten, Handgranaten und Muni-tionskisten, gehörten genauso zur Produktpalette wie der Torso des NVA-Panzersoldaten aus dem T-34-Kampfpanzer.

OGS

OGS war die Abkürzung für „Obst, Gemüse und Speise-kartoffeln". Der Großhandel unterteilte die Lebens-mittel in zwei Warengruppen, in „Obst, Gemüse und Speisekartoffeln"/OGS und die „Waren des täglichen Bedarfs"/WtB.

Der Volksmund sprach oft von „Obst, Gemüse und Schweinekartoffeln", da einige der Knollen faulig und matschig im sehr übersichtlichen Gemüsebereich der Kaufhallen vor sich hin gammelten.

Patenbrigade

Eine Patenbrigade war ein Kollektiv von Industrie-
arbeitern, das eine Patenschaft für Schulklassen und
Kindergartengruppen übernahm. Der Sinn bestand
darin, den Kindern Einblick in die Arbeitswelt zu ge-
ben, Hilfestellung bei Bau- und Renovierungsarbeiten
zu leisten, Vorträge und Veranstaltungen zu organisieren. Hierbei sollte die Verbundenheit zur Arbeiterklasse gestärkt und die Erziehung zu sozialistischen
Persönlichkeiten gefördert werden.

Q3A

Q3A war die erste Plattenbauserie, die ab 1950 in
der DDR gebaut wurde. Q3A steht für: Querwandtyp
Nr. 3 Variante A. Wände und Decken wurden aus
Betonblöcken gefertigt. Die Zimmerdecken bestan-
den aus mehreren Deckenplatten-Elementen, die
quer zur Längsachse des Häuserblocks aufgelegt
wurden. Die Wohnungen waren zunächst mit Ofen-
heizungen ausgestattet.

Rosenthaler Kadarka

Rosenthaler Kadarka war ein beliebter bulgarischer
Rotwein des Exporteurs Vinimpex Sofia, der zu DDR-
Zeiten unterm Ladentisch gehandelt wurde. Erstaun-
liches versprach die Aufschrift des Etiketts: „Natur-
reiner Rotwein". Die auffällige Restsüße stellte beim
Trinken aber eine gewisse Herausforderung dar. Die
Ostdeutschen lieben ihren Kadarka noch immer, das
Produkt ist nach wie vor im Handel erhältlich.

Sprelacart

Sprelacart war ein kunstharzgetränkter Schichtstoff, der auf Möbelspanplatten gepresst wurde.
Die auffälligen Dekore wurden im VEB Sprela-Werke Spremberg hergestellt und bestimmten seit 1955 das Design der DDR-Haushalte und öffentlichen Einrichtungen. Schul- und Labormöbel, Einbauküchen und Wandverkleidungen wurden aus diesem strapazierfähigen Material gefertigt. Der Name setzt sich aus Spremberg, Laminat und Carton zusammen.

Todesstreifen

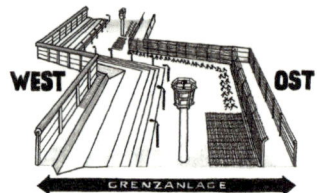

Als Todesstreifen wurde die Fläche zwischen den 1400 Kilometer langen Grenzzäunen der DDR zum Westen bezeichnet bzw. der Bereich zwischen der Berliner Mauer und der dazugehörigen Grenzanlage. Der Todesstreifen war mit 1,3 Millionen Erdminen gespickt, 55 000 Selbstschussanlagen hingen an Drahtauslösern. Im Abstand von 250 Metern standen Wachtürme, dazwischen befanden sich Laufleinen mit abgerichteten Wachhunden, Stolper- und Stacheldrähte, Panzersperren, Lichttrassen, Gräben und Signalzäune. Zwischen 1961 und 1989 sind offiziell 327 Todesopfer erfasst worden. Wie hoch die eigentliche Zahl der Opfer ist, weiß bis heute niemand.

Ulzana

Ulzana war ein Kriegshäuptling der Chokonen, einer Stammesgruppe der Chiricahua-Apachen.
Bekannt wurde der Häuptling durch „Ulzana's Raid", einen legendären Ritt. Mit zehn Kriegern brach Ulzana aus dem Indianer-Reservat aus. Verfolgt von tausend Soldaten hinterließ er eine blutige Spur von Arizona bis New Mexiko.
Gojko Mitić übernahm bei der DEFA die Rolle des Häuptlings Ulzana. In insgesamt zwölf Indianerfilmen

kämpfte er erbittert für die Ureinwohner Amerikas und eroberte im wilden Ritt die Herzen aller Kinder der DDR.

VEB

Der Volkseigene Betrieb (VEB) unterstand der Partei- und Staatsführung der DDR. Ab 1948 wurden private Großbetriebe verstaatlicht und in Volkseigene Betriebe umgewandelt. Dem eigentlichen Betriebsnamen wurde zumeist noch ein „Ehrenname" hinzugefügt, der im sozialistischen Wettbewerb „erkämpft" werden musste wie zum Beispiel: VEB Schwermaschinenbau „Ernst Thälmann" Magdeburg. VEB wurde von den Werktätigen auch scherzhaft mit „Vaters ehemaliger Betrieb" übersetzt.

Wachregiment Feliks Dzierzynski

Das Wachregiment „Feliks Dzierzynski" war ein para- militärischer Verband und Teil der bewaffneten Organe der DDR. Es wurde im November 1954 ge- gründet und unterstand dem Ministerium für Staats- sicherheit. Das Regiment war in und um Berlin stationiert. Benannt wurde es nach Felix Edmundo- witsch Dserschinski, dem Gründer der sowjet- russischen Geheimpolizei Tscheka.

Zentralkomitee

Das Zentralkomitee (ZK) gehörte im Machtgefüge der DDR zum obersten Entscheidungsgremium. Es war das höchste Organ der Sozialistischen Einheitspartei Deutschlands. Da das ZK nur in größeren Abständen tagte, wurde innerhalb der Machtzelle das politische Exekutivkomitee (Politbüro) geschaffen.
Der Vorsitzende des Politbüros war gleichzeitig der Generalsekretär des Zentralkomitees.

...

Matthias Friedrich Muecke wurde 1965 in Ostberlin geboren.
Nach einer Berufsausbildung bei der Denkmalpflege, Abitur und
Abendstudium an der Kunsthochschule Berlin Weißensee
arbeitete er als Schaufensterdekorateur, Heizer und Ausstellungstechniker.
Seit 1988 ist er freiberuflich als Maler, Grafiker und Szenenbildner
für Film und Fernsehen tätig.
Seine Werke wurden in diversen Einzelausstellungen präsentiert,
darüber hinaus veröffentlichte er etliche Bücher.
Im Jahr 2000 gründete er die Edition Mueckenschwarm.
2009 wurde er von der Stiftung Buchkunst ausgezeichnet,
2013 erhielt er den Brandenburgischen Kunstpreis
und 2015 den Nordhäuser Grafikpreis.
Matthias Friedrich Muecke lebt in Krummenpfahl und Leipzig.

...

. . .

Ein herzliches Dankeschön an meinen jüngsten Sohn Ruben,
der bei diesem Buchprojekt ein aufmerksamer Zuhörer war
und immer wieder nach neuen Geschichten aus meiner Kindheit fragte.
Besonderen Dank an meine Freundin Helene,
die mir mit ihrem analytischen Denken zur Seite stand.
Ein großes Dankeschön an meinen langjährigen Freund Uwe,
der wieder mal mit seinen grafischen Fähigkeiten Text und Bild
in den richtigen Rahmen gebracht hat.
Natürlich auch lieben Dank an meine Verleger Suse und Niklas, ohne die es
dieses Buch, in dieser Form, nicht gäbe.
Danke an Nele Sell, die sich mit mir durch den Text gearbeitet hat.
Und einen Herzensdank an meine liebe Frau Esther,
die meine größte Kritikerin war und ist.

. . .

. . .

Der Inhalt des Anfangszitates
stammt aus einem Text von „Geburt und Leben e. V."
Die in Großbuchstaben hervorgehobenen Begriffe
sind DDR-typische Bezeichnungen.

Impressum

© kunstanstifter, 2019

kunstanstifter GmbH, Mannheim

Alle Rechte vorbehalten. Das Werk darf – auch teilweise – nur
mit Genehmigung des Verlages wiedergegeben werden.

Text und Illustration: Matthias Friedrich Muecke

Buchgestaltung: Uwe Koch

Lektorat: Nele Sell

Druck & Bindung: Grafisches Centrum Cuno, Calbe (Saale)

Papier: Schleipen Fly 05, 115g

Schrift: Museo

 Hergestellt in Deutschland

Erste Auflage 2019

ISBN 978-3-942795-85-2

www.kunstanstifter.de

ISBN 978-3-942795-85-2

9 783942 795852